【図説】怪異百物語 江戸東京篇

湯本豪一

河出書房新社

＊本書は、江戸の書物や瓦版といった記録、明治期の新聞などから、江戸・東京地域にかかわりのある奇談・怪談を百編集め、翻案したものである。
＊本書に収録するに当たって、原話を一部わかりやすく改変したところがある。
＊江戸編と明治編に分けたが、話の性格上、どちらともつかない話があり、また地域区分上も、厳密には江戸・東京地域に一致しないと思われる話がある。

はじめに

もう五〇年ほど昔の話である。私の家の近くに幽霊が出るとの噂の立った電話ボックスがあった。その電話ボックスは、東京と千葉を結ぶ幹線道路として新しくつくられた国道に面していたが、周囲には人家の明かりもなく、行きかう自動車が途切れる深夜ともなると電話ボックスだけが闇のなかにほの暗くぽつんと浮かんでいた。ある夜、ドライバーが電話をかけようと電話ボックスの傍に車を止めると、何かの事情でもあるのか夜更けなのに電話をかけている女性がいる。不審に思いながらも電話が終わるのを待とうと車を降りて電話ボックスに近づいていくと、女性は忽然と姿を消したのである。

そんな話を耳にしてからしばらく経つと電話ボックスの周りには夜中になると幽霊見たさの野次馬が集まるようになり、ついにはラジオも取材に来て、幽霊スポットとして放送されるほどの大騒ぎとなった。どこにでもありそうな陳腐な怪異話なのかもしれないが、「そういえば、昔不思議な体験をした」などと電話ボックスの幽霊をきっかけに自らの体験談を語る大人もいたりして、怖さを楽しんだ懐かしい思い出がある。

こうした状況は今に始まったことではない。寛延二（一七四九）年、備後三次《みよし》の稲生家で一ヶ月にもわたって怪異現象が起こった。写本や絵巻としても記録され、平田篤胤《あつたね》が強い関心を示したことでも

和漢百物語　相馬内裏で、滝夜叉姫の幻術に立ち向かう大宅光圀。

和漢百物語　源頼光と土蜘蛛。

和漢百物語　舌切り雀。

知られる有名な怪異譚だが、稲生家で起こった数々の怪異を描いた絵巻のなかには連日の怪異を聞きつけた野次馬たちがお化け屋敷（稲生家）を眺めている場面が描かれたものがある。彼らは聞き及んだ噂を語り合いながらその現場を実見し、あわよくば怪異現象の目撃者となることを望んでいるのだ。

ことほどさように人智を超えた不思議な現象は心を揺さぶり続けている。そうしたことから多種多様な怪異が語り継がれ、記録されてきた。それらは創作された物語ではなく、誰かが体験した〝事実〟であるだけに人の心を捉えて放さない魔力を有している。これらの〝事実〟を集めたのが江戸時代に何種類も出された「百物語」本だ。「百物語」本の嚆矢《こうし》は延宝五（一六七七）年に刊行された『諸国百物語』である。その名の通り「諸国」の怪異譚を集めたもので、序には〝証拠のある話〟であることが謳われ、どこで誰が体験した出来事かが記されており、そのリアリティーが人々を惹きつけた。『諸国百物語』の後を受けて『諸国新百物語』『御伽百物語』『太平百物語』『万世百物語』等々、多くの「百物語」本が刊行され、〝怪異〟を提供し続けた。「百物語」

和漢百物語　楠正行の妖怪退治。

本以外にも怪異が収録された書籍は数多く、さらには瓦版、錦絵などにも記録されており、江戸時代は怪異譚の宝庫といえる。

　いっぽう、近代化に邁進していた明治という時代には〝怪異〟は廃れていってしまったかというと決してそんなことはなく、近代化の象徴ともいえる新聞のなかに生き続けた。新聞は機械による大量印刷によって広く情報を発信していった。その結果、江戸時代には想像もつかなかったような情報社会を実現させたが、それゆえに新聞に掲載された怪異記事も大きな広がりを持つこととなる。また、新聞はリアルタイムの情報が命であり、そこに紹介された怪異も新鮮な生情報として読者に大きなインパクトを与えたであろうことは想像に難くない。

　本書はこうした、江戸、明治のさまざまな情報源から江戸、東京という地域の怪異譚を抽出し、加えて錦絵、挿絵など、ビジュアル情報が備わっているものを選んで収録している。

　収録された話のなかには広く知られているものもあれば、本書で初めて紹介するものも少なくない。しかし、いずれもが大都会の江戸、東京であった怪異なのだ。そこには多くの人が生活しており、決して人間が別の世界に足を踏み入れたのではなく、都市の日常の営みのなかで遭遇した出来事なのであり、それは現代社会にも共通する要素ということができよう。

　東京は交通網の発達した大都会だ。本書に収録した怪異の現場を訪ね歩くことも容易にできよう。日がな一日、あちこちをまわって父祖たちの遭遇した怪異に思いを馳せるのも一興ではないだろうか。

怪異百物語 江戸編

第一話

置行堀

おいてけぼり

雨が降るようで降らない薄曇。こういう日は魚が多く釣れる、などと釣り人が話しながらあちこちに竿を下ろして釣りに余念がない。

日が落ち往来する人も稀になって来たので、家路を指して帰ろうとすると、不思議なことに堀から声がして、「おいてけ、おいてけ」と言う。心の迷いかとそのまま行こうとすると、足がすくんで釣った魚を入れたビクはいつしかもぬけの空。

仕方なく空のビクを提げてようやく家に帰る人もいれば、堀に落ちてしまう者などもいて、どんなに魚を釣っても置いていかなくてはならないのだ。

本所七不思議之内　置行堀（国立歴史民俗博物館蔵）

第二話

送撃柝《おくりひょうしぎ》

四方を照らす津軽家の辻行灯《あんどん》も薄暗く、二〇日亥中《いなか》の月も白く、雨がざあざあと降り、寂滅為楽《じゃくめついらく》と鳴り響く鐘の音さえことさらに響く入江町。

夜鷹、蕎麦売り、かん酒屋、茶飯屋、あんかけ屋などの売り声もうつろとなり、夜更けて人も音も絶えた割下水に、「火の用心」と声高に提灯の明かりを消さないように、濡れないようにと夜回りが合羽の袖に隠しながら拍子木をカチカチと打ち鳴らして歩む。と、それに合わせるようにカチカチと音がする。送り拍子木という怪異である。

本所七不思議之内　送撃柝（国立歴史民俗博物館蔵）

本所七不思議之内　狸囃子

第三話

狸囃子《たぬきばやし》

毎夜のように聞こえてくる太鼓の音。あるいは近く、あるいは遠く聞こえる面白さに釣られてここかしこと歩き回り、疲れ果てて家に帰り、前後を忘れて打ち臥して寝入る。気がつくと耳元で鳴く鳥の声、目覚めてみるとこれは不思議、家と思っていたのに露がたれる合羽干し場の広野原で臂《ひじ》を枕に高鼾。「我ながらつままれたな」と後悔する人もいるという。これこそが世にいう化け囃子で、本所の広野のことである。

第四話 足洗邸

あしあらいやしき

本所三笠町に味野という旗本が住んでいた。その屋敷には不思議なことが起こる。

草木も眠る丑満のころになると、腥《なまぐさ》い臭いがし、大きな音が響き渡って天井から剛毛の足が下りてくる。足を洗えば天井に消えるが、洗わないと足は大暴れするという。

本所七不思議之内　足洗邸（国立歴史民俗博物館蔵）

第五話

片葉の芦

かたばのあし

邪《よこしま》な心を持つ留蔵という不良者がいた。亀沢町のお葭という寡婦の娘、お駒の色香に懸想《けそう》し口説いたものの、聞き入れてもらえなかった。ついに逆恨みして留蔵はお駒を殺し、手足を斬り落として溝に投げ込んだ。

その後、溝から生えてくる芦は片葉ばかりであった。今に伝わる片葉の芦の怪異である。

本所七不思議之内　片葉の芦（国立歴史民俗博物館蔵）

片葉のあし

第六話 無灯蕎麦《あかりなしそば》

割下水橋の上に「二八」と筆太に書かれた蕎麦屋の行灯《あんどん》は、灯も点けていないのにいつも明るく、油はいつまでも尽きることがない。これを無理矢理消そうとすると、家に凶事があるといわれている。

本所七不思議之内　無灯蕎麦（国立歴史民俗博物館蔵）

第七話

送提灯

おくりちょうちん

春とはいっても寒空で雨も降り、往来も絶えて身に染みる風に報恩寺の鐘も幽かに聞こえる。高下駄でほろ酔い気分の武士が、千鳥足で供を連れて歩いている。供は、「旦那、淋しゅうございます」と震えながら言う。主人は、笑いながら「このあたりは狐狸の棲んでいるところだ」などと言って前を見ると、提灯の火。しかし、近づいてみると火はたちまち消えて真っ暗闇。これが送り提灯である。

本所七不思議之内　送提灯　明治期の絵葉書複製。

第八話

小幡小平次の幽霊

こはだこへいじのゆうれい

箱根からこちらに化物は出ないといわれるが、物に感じて化物や幽霊も出るらしい。

このごろ、坂東彦三郎が夏興行で狂言のことを考えながらうつらうつらしていると、行灯が暗くなったり明るくなったりして、顔の青ざめた恐ろしい人影が幻のように現れた。

「私は小幡小平次の幽霊である。私の話をすれば、いつでも姿を現し、人を恨めしく、驚かし、妄念が絶えることがなかったが、二昔ほど前に尾上松緑が哀れんで施餓鬼《せがき》供養をねんごろに行ってくれた。このたび自分を再び舞台に取り上げてくれたことを草葉の陰で喜んでいる」と言い、幽霊は消えていったとのことだ。文政一三（一八三〇）年夏のことである。

瓦版　小幡小平次の幽霊

第九話　蛇石《へびいし》

文化七（一八一〇）年五月一四日、武州足立郡舎人町の百姓善七の土地の竹やぶから長さ二尺五寸ほどの竹の子が八十数本出てきた。しかし、その竹の子はどれも蛇のような姿をした不思議なものであったので、根を掘ってみると蛇の形をした石が出てきた。

二六日に代官所に訴え出て、翌日に蛇石と竹の子一株一五本を添えて差し上げ、残りの竹の子は村番に差し上げた。当地は溜池より四里半のところである。

蛇石の怪　肉筆。

第十話 天鵞絨の化物

ビロードのばけもの

四月二〇日、場所は番町辺りのさるお屋敷。長年屋敷に奉公している女中が夜半に寝所から厠《かわや》に行こうとした。

突然何者ともわからない真っ黒なものが来て、頭に当たったと思った瞬間、女中は倒れて人事不省となってしまった。

この物音に驚いて人が集まって介抱し、女中はようやく正気に戻ったが、その髻《もとどり》は落ちて二〜三間ばかり離れたところにあり、そこにビロードのように真っ黒な化物がいた。

髪切の奇談

真黒なるものが突然と来りて
倒れて人事を知らず此物音に
驚きて人々集り介抱せしが
落て二三間去る処にあり
其真黒なる物は猫の
如くにして恰も天鵞絨
正しき書に出たるを
玉惣
よし藤画
玉惣

第十一話 幽霊の子

ゆうれいのこ

江戸の日本橋によろず屋半平という大商人がいた。毎年仕入れに京都に上ったさいの宿があり、その宿には後家と一人娘がいた。半平は娘に心を通わしていたが、娘も半平を慕い、娘の母も承知の仲となっていった。

あるとき半平は、「私は本国江戸の者なので、親子で江戸に引っ越してゆっくりと過ごしてください。まず私が戻り、準備を整えてから迎えに来ます。どうだろうか」と問うと、娘も喜んで、「私たちもかねがねそのように思っていました。また京都へ来る年までお待ちいたします。皆で江戸に行って一緒に暮らしましょう」との返事。

半平も嬉しくなり江戸に帰ったが、旅の疲れが出て患いついてしまった。そうこうしているうちに日も過ぎてしまった。いっぽう、娘はそんなこととは知らず、半平のことを思いながら暮らしていたが、迎えが遅いのを待ちかねてとうとう思い煩い、患いついて死んでしまった。

半平は江戸で娘のことを思い出し、さぞや迎えを待っているだろう、今どうしているだろうかなどと考えていると、「よろず屋半平どのはこちらでしょうか」と訪ねてきた人がいる。見ると京都の娘。半平は嬉しくなり、「さてさて、御身はどうして江戸に来られたのですか。奇特なことです」と言い、互いに涙した。娘は半平が迎えに来なかったことへの恨みをいろいろと口にした。

半平はさまざまに言い訳をし、やっとなだめて家に入れ、一族の者に紹介して娘を妻とした。「母上も江戸に呼ぼう」と半平が言うと、「二、三年待ちましょう」と止めたので、半平もそのままにして時が過ぎていった。そのうちに妻となった娘が懐妊して玉のような男の子を産んだ。

この子が三歳の年に、京都にいた娘の母が半平を尋ねて江戸にやってきた。半平と再会した母は喜び合いながら、「さてさて、お懐かしいこと。娘はあなたが迎えに来るのを待ちかねて死んで三年になります。娘が死んでからこのかた、頼りにする者は誰一人なくなりました。一人で生きていくのも空しく、あなたが常日頃から情けのあるお方なので、江戸に来てお願いすれば見捨てないと思ってやってきました。娘だと思って情けをかけてください」とさめざめと泣いた。

半平は驚いて、「なんとも不思議なこと

『諸国百物語』（東京国立博物館蔵）
Image：TNM Image Archives

をおっしゃる。あなたの娘は三年前に私のもとへ来て、今では三歳の子供もおります。あなたの孫ですよ」と子供を見せれば、母も不思議がり、「それならば娘に会わせてください」と言う。奥にいた娘は母に会いたくないといって納戸のなかに隠れてしまったので、半平が納戸に入ってみると、娘は見えず位牌があった。

半平は驚いて位牌を母に見せると母は涙しながら、「これはあなたを恋い慕う気持ちが姿となってやってきて、三年間一緒にいたのでしょう」と言って懐より位牌を取り出した。その位牌に納戸の位牌を合わせてみると、同じ筆で「釈迦牟尼仏」と書かれている。半平も涙にくれて、ねんごろに弔いをして娘の母を思いのままに暮らさせ養った。

半平と娘の間に生まれた子は成長して、姿もよく才気に溢れていたので国司に呼ばれて召し抱えられた。

半平の苗字は大友氏だったが、位牌に「釈迦牟尼仏」と書かれていたことから、それを読み替えて、「釈迦牟尼仏三弥」と書いて「にくるべさんや」と名乗ったという。それ以来、この苗字は代々伝わっている。

【『諸国百物語』】

第十二話 三河町の河童

みかわちょうのかっぱ

神田三河町辺りに吉五郎という者がいた。用事があって雨の降る三更に筋違橋《すじかいばし》の門を通りかかると、五、六歳くらいの小童がしょぼしょぼと歩いているのが目にとまった。

「夜中《やちゅう》に及んで大胆なる小僧、どこへ行くのか」と問いかけると、振り返る小童。その顔は浅黒く、目は皿のようで口は耳まで裂けていた。吉五郎は強勢な者なので驚かず、二つ三つ頭を張ると小童はどこへともなく飛んで失せていった。吉五郎は一目散に家に帰り気を失った。これが世にいう河童だろうとの評判である。

【『模文画今怪談』】

『模文画今怪談』（東京都立中央図書館加賀文庫蔵）

江戸名所道戯尽　両国の夕立　雷を川に引き込もうとする河童。

第十三話

猫の墓《ねこのはか》

このたび本所回向院に猫の墓が建立された。その由来は次のようなものである。

深川辺りの利兵衛という猫好きの魚屋が時田喜三郎の家に魚を売りに来るたび、そこに飼われて四、五年になる斑猫に魚を一匹与えていた。

その利兵衛が病気になって魚売りができなくなると、斑猫がやって来て口をきき、「久しく見えないので見舞いに来ました」と言う。「病気で魚売りに出られない」と説明すると、猫はうなだれて出ていったが、その後、小判一枚をくわえて現れた。

利兵衛はこれを元手に商いを行い、再び猫に魚を与えるようになったところ、斑猫は今度は南鐐《なんりょう》（銀）包み一三両ほど引きずって来た。驚いた手代が斑猫を打ち殺してしまったが、猫が金子を持ってきたことを喜三郎に話すと、喜三郎は奇異なことだと猫の墓を回向院に建てたということである。

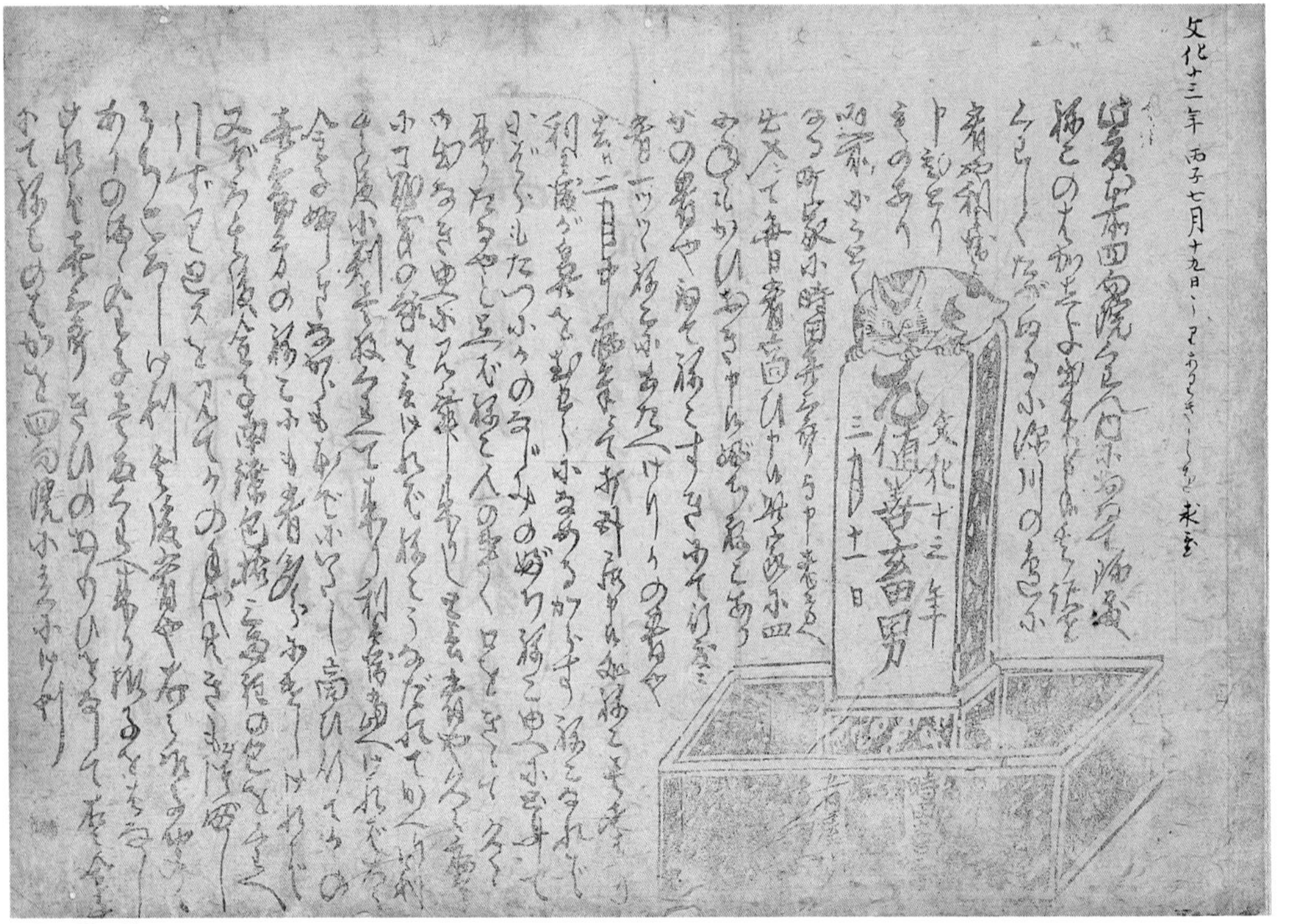

瓦版　猫の墓

第十四話 謎の徳利

なぞのとっくり

嘉永七（一八五四）年七月二八日、鎌倉河岸や下谷などのあちこちの酒屋に、六〇歳くらいの僧が、三、四合ほどの徳利を持って酒を買いにきた。「酒を三升ほどくれ」と言うが、こんな小さな徳利に三升もの酒を入れるのはとても無理である。訝しく思った酒屋の若者が断っても、速やかに注げと言う。注いでみると、不思議なことに三升の酒が徳利に入ってしまった。

僧は酒代を払って去っていった。あまりにも不思議なので、若者が後をつけると僧は浅草地内に入り、矢大臣門辺りにいたったところで、「どうして後をつけて来たのだ」と咎める。若者が「あまりに不思議な出来事なので後をつけてきました」と答えると、「不思議ではない。私は観音様の使いだ。お前に伝えたいことがある。今年の閏《うるう》七月は日照りが続き、病も流行る。病から逃れたいのなら牡丹餅をこしらえて今月中に食するように。早々に帰って家の者へ伝えなさい」と言うと、たちまち僧の姿が消えた。若者は早速戻って主人にこのことを伝え、牡丹餅を食し、病に罹ることがなかった。

同じような事例はほかにも伝えられている。大平山の天狗の話もその一つである。

出羽国大平山の近くの酒屋に来た老人の小樽に一斗ほどの酒が入り、不思議に思った酒屋が老人の後をつけると、老人は実は天狗であった。そして豊作と病気が流行することを予言し、病から逃れるために天狗の絵姿を門前に貼っておくようにと伝えて姿を消したというのである。

瓦版　謎の徳利
（早稲田大学演劇博物館蔵）

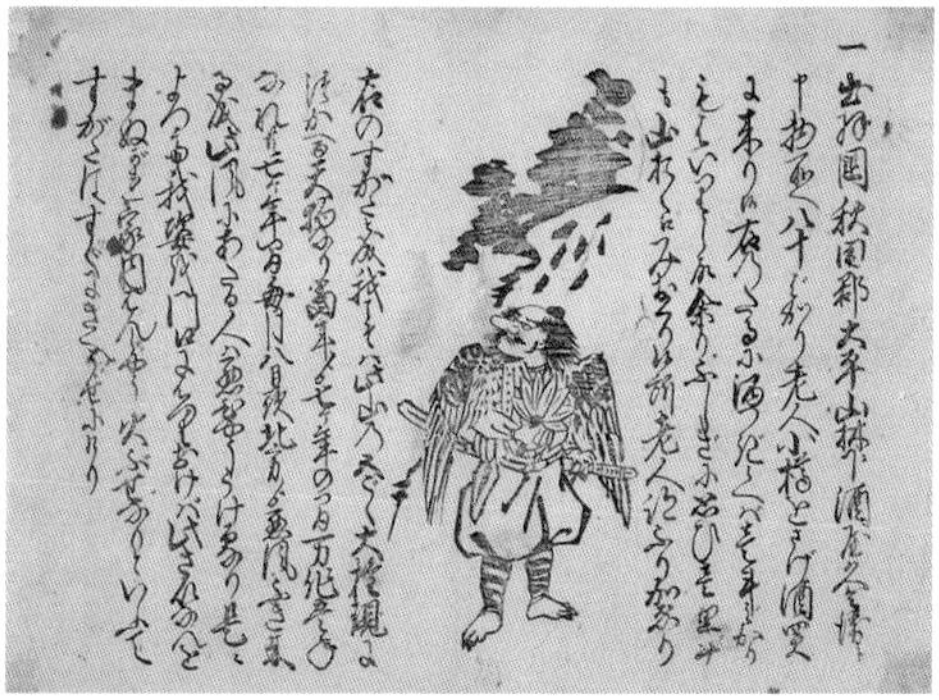

瓦版
大平山の天狗

第十五話 蔵の大足《くらのおおあし》

六番町通りに御手洗主計という八〇〇石の旗本が住んでいた。その屋敷に建っている雑物庫から、夜な夜な長さ三丈余の足が出るという怪異が久しく続いていた。誰もそれを嘘だといって信じなかったものの、嘉永年間（一八四八～五四）の末には評判が高くなっていった。

そんなおり、主計の長男銀之助が剣術の相弟子福村仙太郎、竹中甚之助、野村勝平らを連れてやってきた。甚之助が、「本当にそんな妖怪がいるのなら今宵われわれ三人が兄の家に行って正体を見破って父君や兄《けい》を安心させ、番町にこんな勇ましい者がいたと名声をあげることにもなるので是非とも妖怪退治をしたい」と言い出した。他の二人にも促すと、仙太郎と勝平も「それは面白い。太平の世にあって武術をこうした怪事に用いなければ武士として働きを為すことができない。怪物を縁の下から引きずり出してくれん」といきまく。

銀之助も父が妖怪の正体を見極めずにいることに不平を持っていたから、三人が妖怪を見届けることを承知し、「それでは今宵、百物語でもする気で来てくれ。しかし、実際に見ると恐ろしいものなので侮って不覚をとらぬように」と注意すると三人は打ち笑って、「千軍万馬のなかに突き入って矢玉で体に風穴を開けられ、頭を晒されても恐ろしくない。どうして狐狸の悪ふざけなどを怖がろうか。言葉と行いが違わないのを大丈夫という。今夜、剛なる手際を兄にお目にかけましょう」と約束してそれぞれ帰途についた。

その日のたそがれ、三人が御手洗家に行くと、待ち構えていた銀之助が出迎えた。雑物庫の傍らの室に案内し、「ここそが妖怪が出る本舞台だ。今宵は皆でここで語り明かして妖怪を見届けてくれ」と言い、四人で火鉢を囲みながら源頼光の四天王が土蜘蛛を生け捕りにした武勇伝などの話に花を咲かせ、「無礼は許す。大足、庫より遠慮なく早く出て来い」などと大言を吐いて気勢をあげた。

そのとき、ガラガラガラと庫の引き戸が開く音がし、室の唐紙がスルスルと開いた。そして、四人が刀を取るか取らないうちに頭の上から部屋いっぱいの大足で押しつぶされ、刀を突こうと身をかがめると大足も下がってくるといった状態で進退窮まり、足裏であっちへごろごろ、こっちへごろごろと団子のようにもてあそばれ、先ほどまでの勢いはどこへやら、ようやくの思いで息をふうふう吐くのみであった。

このときちょうど、女に水盥を持たせて部屋に入って来た主計は四人が大足に踏み丸められているのに驚き、足に向かって「隠居よ、隠居よ」と呼びかけると足はたちまち畳一畳ほどに縮まって動かなくなった。女が盥の水で足の甲を洗うと足はスルスルと庫の中に引き戻っていった。四人がほっとする間もなく、大足が再び現れたが主計はあわてる様子もなく、女に甲を洗わせると程なく足は庫に引きかえり、庫の引き戸がガラガラと自然に閉まっていった。青ざめて震える若侍たちに向かって主計は話し始めた。

「おのおの、部屋のなかをよくご覧あれ。あれほど大足が暴れていたのに部屋の茶碗一つ転がっていないのだ。また、最初に出たのは右足で、これを洗うと引っ込めて左足を出す。それも洗うと引っ込んで庫の引き戸がひとりでに閉まる。あまりにも不思議なので私の父の代に雑物庫

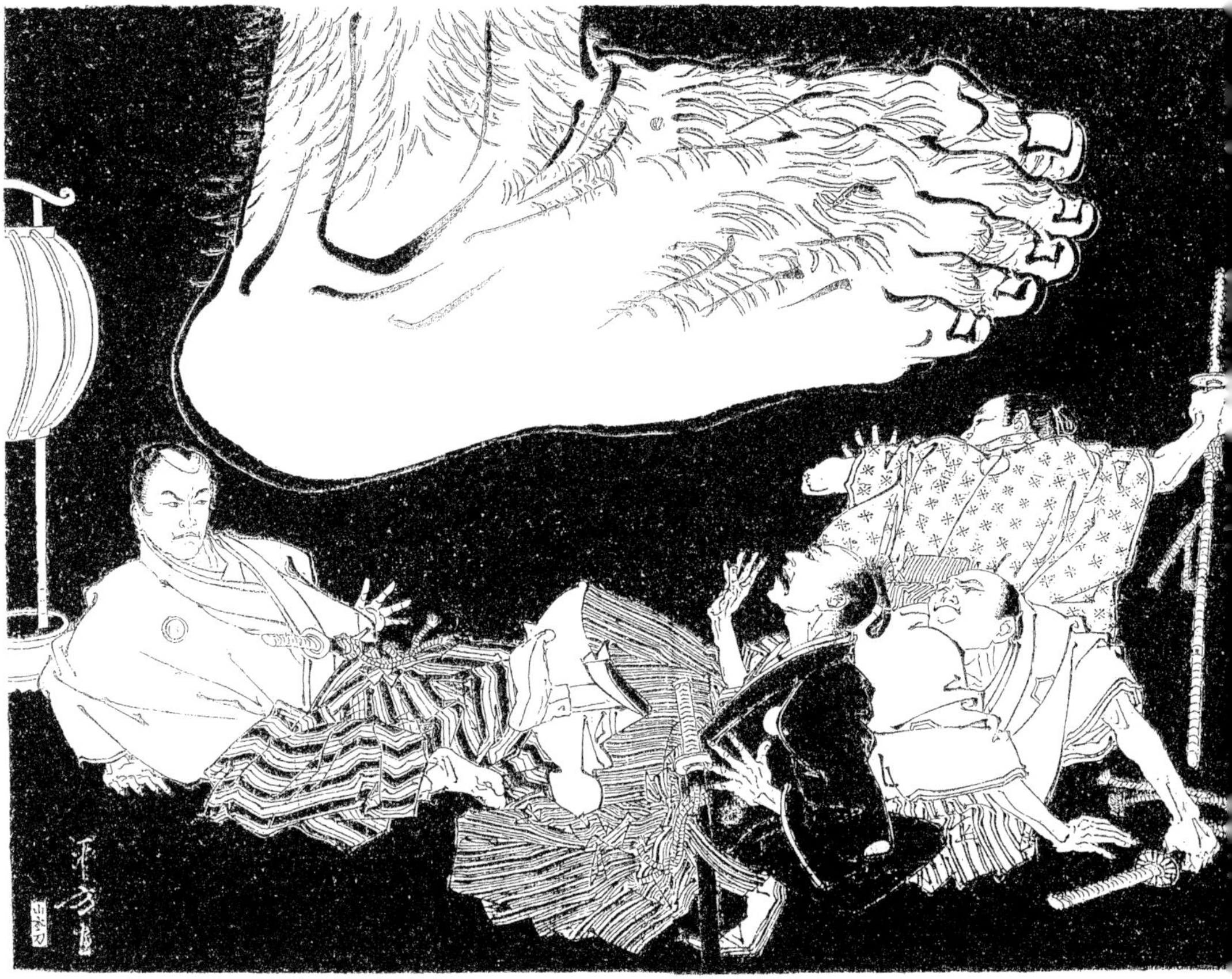
『やまと新聞』明治20（1887）年4月29日

より物をすべて出し、屋根裏から縁の下まで調べたが鼠一匹いなかった。荷物のなかに妖怪がいるのかとも疑って、空庫にしてしまっても足は同じように現れた。狐狸の仕業かと松葉や唐辛子を焚いて燻したが効き目がなく、妖怪に脅かされるのは恥辱と、刀や槍で足を斬ろうとしても煙の如く手ごたえがなかった。何か仇をするわけでもなかったものの、神主、僧、修験者などが加持祈禱をすると大足が出現して大暴れし、経文、鈴、幣《ぬさ》などを微塵にし、神官や僧を踏みにじるといった怒りを発する。このとき暴れた部屋は無茶苦茶となり、先ほど足が暴れた場合とは正反対の状況を呈する。この足のおかげで泥棒が踏み伏せられたこともあり、それからは大切な物は雑物庫に入れて大足に守ってもらうようになり、足をご隠居と呼ぶようになったのだ。いつのころからか片足ずつ出して洗うと引っ込めるということが始まったのだが、困ったことに女が洗わないと引っ込めない。それで女を雇うものの、事が事だけに長続きしないのだ」

これが御手洗氏の足洗いといわれる怪事で、明治前まで言い伝えられた。

【『やまと新聞』明治二〇（一八八七）年四月二七〜二九日】

第十六話　霊亀出現《れいきしゅつげん》

瓦版　霊亀（早稲田大学演劇博物館蔵）

弘化二（一八四五）年、上野不忍池に奉納された一匹の亀は普通の亀とは異なって白い甲羅にかすかな字が見て取れ、頭は蛇の形で手足が太い。この亀の由来を聞いてみると、摂津の長井という大池から地元の人が持ち帰り、大坂で江戸本石町の有徳の人が買い求めて弁財天へ奉納したという。

昔天竺の天川に一眼の白亀が出て釈尊の説教に耳を傾け、唐土でも白亀の出現は天下静謐の証として尊ばれた。日本、唐、天竺のいずれでも太平の象徴となっており、平和な御代でないと現れない。白亀を見ればめでたいこと限りなく、長命、子孫繁栄、無病が疑いないのである。

こうした縁起のよい亀の出現の話は多々あるが、明治一六（一八八三）年五月一〇日の『いろは新聞』には蓑亀《みのかめ》出現の話題が載っている。それによると、蓑亀は霊亀とも神亀ともいわれ、この亀が現れたことで改元されたこともあるくらいのものだ。報じられた亀は明治一五年五月五日に三重県の山田宮川で見つかった。同所の田畑庄助が売主で、保証人として日本橋区石町の中川久兵衛が入っている。中川は先ごろ神田仲町一丁目の濁酒商萬屋大次郎ほか二人に一〇〇〇円での買い入れを求め、両三日内に博物館へ献納するかお買い上げ願うか協議するという。

いろは新聞社友の清水晴風がつぶさにこの亀を見てその姿を描いて社に送って来た。それによると肩のあたりより青い毛がさながら絹糸のようになびき、蓑を着たような姿である。この亀は毛以外は他の亀と異なることがなく、毎日櫛を入れて乱れ毛を解いているがちぎれることはないという。

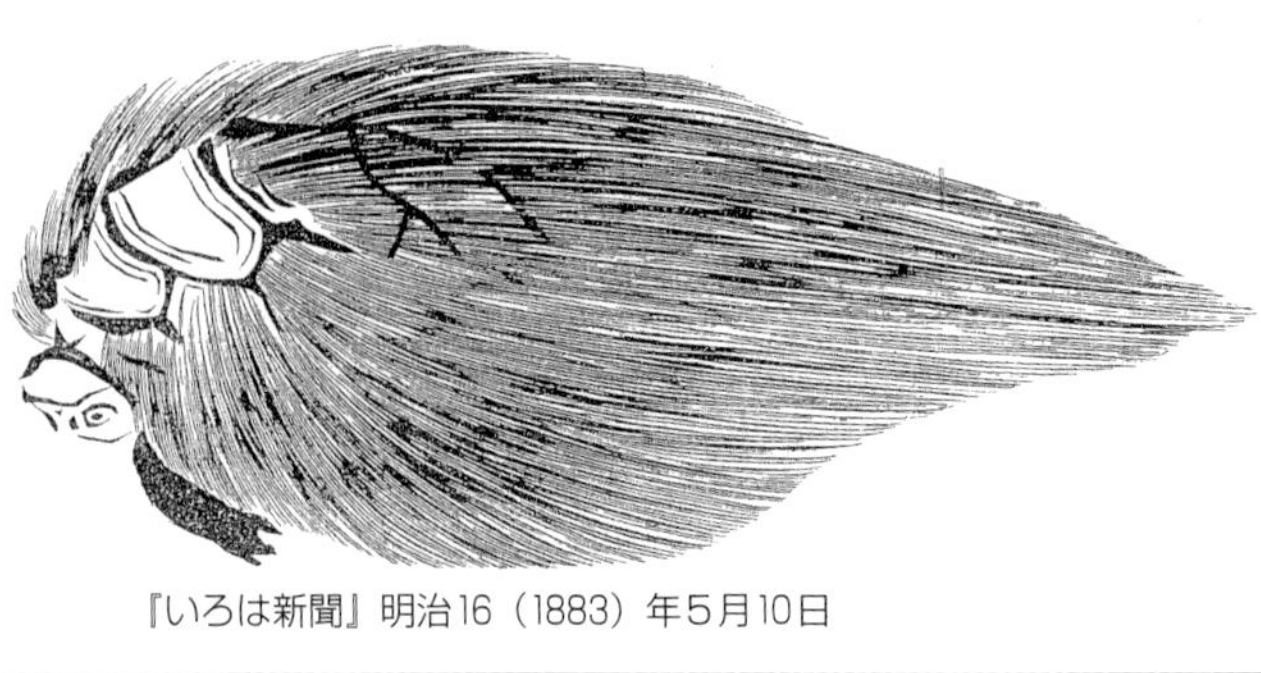

『いろは新聞』明治16（1883）年5月10日

第十七話 番町皿屋敷《ばんちょうさらやしき》

牛込の旗本青山主膳邸に仕えるお菊。ふとした過ちから家宝の一〇枚揃いの皿を一枚割ってしまう。主人の怒りにふれたお菊は手討ちとなり、古井戸に投げ込まれた。

それ以来、古井戸からお菊の幽霊が現れて恨めしそうに一枚、二枚と皿を数える。怨念のこもったその声は邸内の人を震え上がらせずにはおかなかった。

いっぽう、次のように伝わる話もある。

青山主膳が美しい侍女お菊をことのほか愛し、それに嫉妬した妻がお菊が皿を割ったのを幸いとして、お菊を責め立てた。その苦しみに耐えかねたお菊は、自ら井戸に身を投げて命を絶った。怨みを抱いたお菊の幽霊が井戸からあらわれて皿を数えるというものである。

番町皿屋敷は江戸時代に広く各地で伝承されて歌舞伎や浄瑠璃ともなり、誰でも知っている有名な怪談となっていった。

百物語　さらやしき

教育番町皿屋敷大うつしえ

第十八話　池袋の女《いけぶくろのおんな》

　武州秩父郡には三害といって三つの怪事が信じられている。その一つがお崎狐だ。お崎狐は鼬《いたち》より少し大きく、年々増殖し、あちこちの家に移り棲んで人々を煩わす存在だが、信じて祭ると他所から金銀などを持ってきてその家は富貴となる。しかし、家が衰えると財産を他へ持ち去り、最初よりも貧乏になるという言い伝えのある、人に憑依《ひょうい》する狐だ。

　お崎狐に関する怪事の一つに小日向の与力高須鍋五郎方での出来事がある。小日向上水ばたの御持筒組与力高須鍋五郎は辰の三月に練馬出身の二二、三歳の下女を雇った。住まいは池袋村で百姓ということだった。この下女は江戸市中の出ではないが、てきぱきと働き、相応の容姿ということもあってか、慣れてくると鍋五郎がつい手をつけてしまった。

　その後のある日のたそがれ、例の下女が勝手口に人の声がするので出てみると、「わっ」と叫んで駆け戻ってきた。わけを聞くと勝手口にとても背の高い男が手拭で頬被りして立っていたという。鍋五郎は物置小屋から雪隠《せっちん》、庭の隅々までくまなく探したが曲者は発見できなかった。

　用心のため門のくぐり戸まですべての戸締りをして行灯《あんどん》に火を点けていると、屋根や雨戸に石が打ちつけられた。先刻の曲者の仕業かとおっとり刀で捜索したが人影はない。しかし、石はさらに激しく当たり、両隣の家でも喧しさに提灯を持って出て来たが、降る石は小石ばかりでないうえに、頭や顔面にも当たるので怪我を恐れて家に引っ込んでしまった。深夜になっても石は降りやまず、眠ることもできず、夜明けころには雨戸が二ヶ所も打ち破られるほどだったが、雨戸の穴は不思議なことに内から外に開けられたようになっていた。

　これは只事ではないと修験者を三人呼んで祈禱をしても、さらに怪事は増し、棚にある皿、砂鉢、片口、擂鉢、丼、膳椀などが次々に投げ出され、釜の下の火のついた薪が飛び出して座敷の畳に火が移り、修験者もどうしようもない状態となった。その後も昼夜石が降ったり、火鉢が自然にひっくり返ったりと怪異は続いた。

　鍋五郎はこれが下女の祟りだとは気づかなかったが、南隣の猪狩大助の養父宗賀には心当たりがあった。その助言によって下女に暇を申し渡し、下女が門を出ると怪異は止んだ。後で思うと、家中が恐怖に慄いているときに下女はいつもの通り熟睡していたのだ。下女はお崎狐遣いの子孫だったのである。鍋五郎がこの下女と密通したことで怪異が起ったのである。

【『遊歴雑記』】

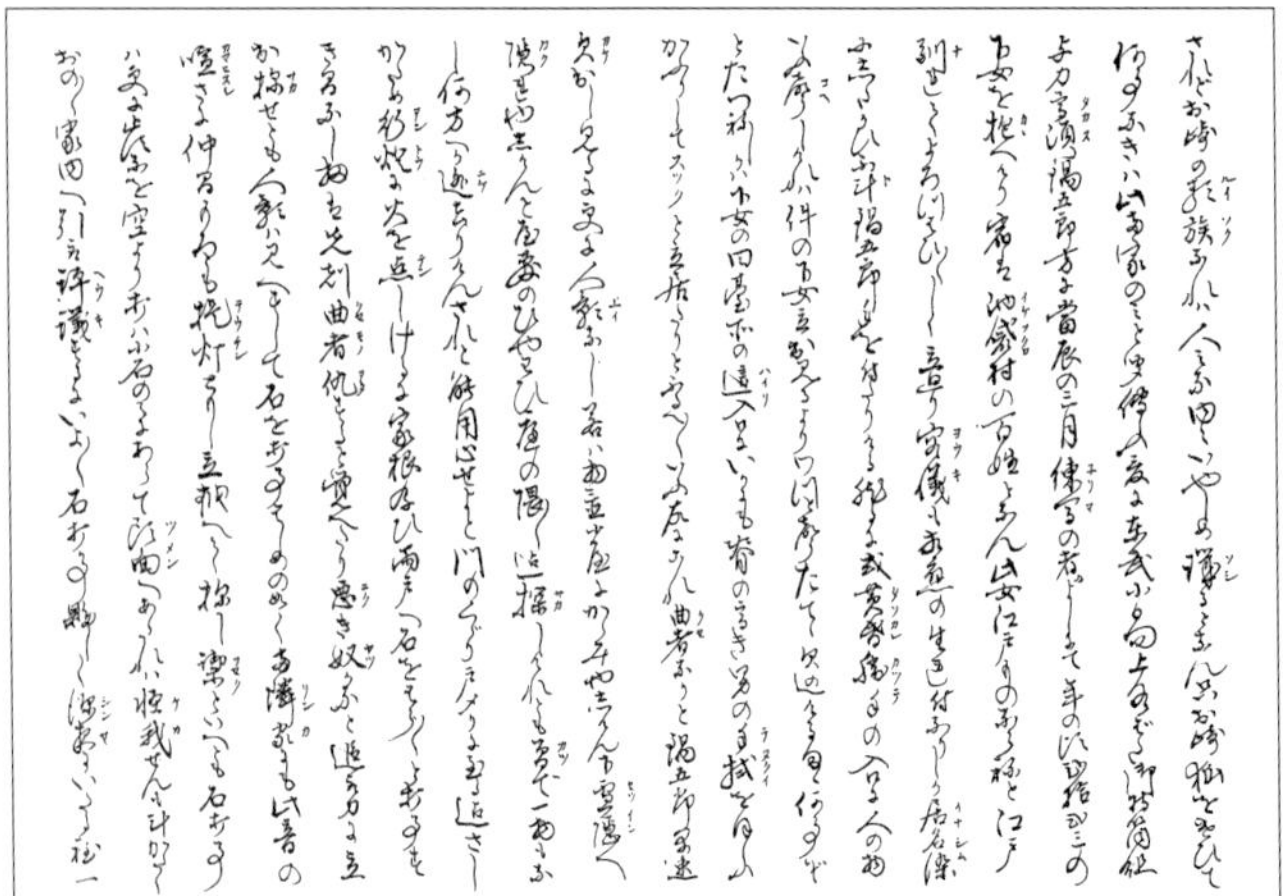

『遊歴雑記』（国立公文書館蔵）

第十九話 赤子の寺《あかごのてら》

赤坂辺りに住んでいた浪人、夜更けて青山の辺りを通ると三十路ほどの女が一人の子供を抱えて来て、「何とぞ、この子を少しの間抱いていてください」と頼むので、何気なく頼まれるままにその子を抱くと、女は傍らの寺の内に入っていった。

その後、子供が次第に重くなってしきりに泣く。その口はまるで火事のように赤かった。しばらくすると女が戻って来て一礼して子供を受け取り、寺の内に入っていったと思うと、どこへともなく消え失せてしまった。

浪人はいよいよ怪しく思い垣越しに寺の内を覗き見ると、数万の赤子が群がり出て泣きじゃくっている。その口はどれも火のように赤かった。浪人はこれを見ると後をも見ずに宿所に帰ってしまった。寺の名前も聞いたが今では忘れてしまった。

【『模文画今怪談』】

『模文画今怪談』（東京都立中央図書館加賀文庫蔵）

コラム 稲生物怪録

いのうもののけろく

江戸時代の怪談といえば、「稲生物怪録」がその代表的なものといえよう。

寛延二（一七四九）年、備後三次《みよし》の稲生家で突然怪異は始まった。体験したのは一六歳の広島藩士稲生平太郎だ。怪異は一ヶ月もの間、昼夜の別なく毎日起こったが、その怪異は他に例をみない特異なものばかりで、多くの人を惹きつけた。

それほどの怪異だけに国学者として著名な平田篤胤《あつたね》が平太郎の体験に並々ならぬ関心を示し、その怪異譚を纏めあげているほどだ。この事件は、写本、絵巻などでさまざまに伝えられている。明治以降も泉鏡花、巌谷小波、稲垣足穂などがその魅力の虜となっている。

こんな怪異を平太郎が体験することになるきっかけは、隣家の三ツ井権八と肝試しのために比熊山に登って百物語を行ったことからであった。平太郎の場合、言い伝え通りに百物語をしたことによって、怪異が現実のものとなったのであり、まさしく百物語を地で行く体験なのだ。

後に平太郎は江戸詰めとして藩邸に出仕していたときに、同僚たちに自ら少年時代に遭遇した怪異を語った。体験者の語る怪異は相当のインパクトを与えたのだろう。その話も記録されて伝えられているのである。

床の間の穴から出た女性の生首

出口を塞ぐ巨大な老婆の顔

蟹のような漬け物石の変化《へんげ》

頭が裂けて這い出した赤子

蝦蟇となった葛籠《つづら》の怪

囲炉裏の灰の化物

石塔に変わった行灯

天井から赤い舌を出す老婆の怪

第二十話　骸骨の妻《がいこつのつま》

品川辺りで米の売買をしていた庄八という者の妻は、武家の家に奉公していたが、顔かたちが美しく、庄八が恋い焦がれて結ばれた仲だった。ほどなくしてこの妻は病気にかかり、亡くなってしまった。

『諸国新百物語』（大東急記念文庫蔵）

庄八は嘆き沈んで身も世もないといった様子で、仏壇をしつらえて昼も夜もその前で悲しみ、「あなたが一九、私が二五の春、あなたを見初めて父母の目を忍び、人目を憚りながら慕っていました。ようやくのこと願いが叶って迎え入れることができてまだ三年も経っていないのに、私だけをのこして旅立ってしまった。今一度帰ってきてほしい」と言いながら食事もせず、死んでしまった妻のことばかり思い臥せって涙にくれていた。

その夜のこと、死んだ妻が忽然と現れて、昔と変わらぬ姿で、「まだまだ切れてしまっていない契りなのでお通いいたします」という言葉に庄八は大いに喜んで、「あなたが死んでしまってからの思いはいかばかりか」などと尽きぬ思いを話していると夜は白々と明け、妻の姿は消えてしまった。それより、妻は夜毎通って来た。

庄八の親は隣に住んでいたが、庄八の妻が夜な夜な通っていることを聞き及び、訝しく思っていた。ある雨の夜に窓からなかを覗くと、庄八は骸骨に向かって泣いたり笑ったりしている。

早速、徳の高い上人に来てもらい、「かくかくしかじか、どうぞ仏道に向かわせてください」と願うと、快く引き受け、庄八の家に忍び入り、事の様子を窺っていた。聞いていたとおり、庄八は骸骨と並び何か語っている。上人は桶いっぱいに満たしておいた冷水を庄八に投げかけた。季節は雪見月の末で木々の枝も枯れて寒さも厳しく、水をかけられた庄八は身がこごえてわなわなと震えたが、骸骨は消え失せた。

このとき、上人は庄八に向かって、「浅ましきかな、己の輪廻《りんね》執着《しゅうじゃく》の一心で亡者にも苦しみを増すこととなり、暗黒の世界に迷っている。だから骸骨が妻に見えたのだ。今、浄水をかけたので煩悩が去り、正念に戻ったので骸骨も消えた。元々何もなかったのである。昔、六波羅蜜寺の僧が庭の橘に執着して小蛇となり、定家卿は内親王に執着して葛となったことなど、世に広く知られている。こうした執念を捨てて速やかに念仏しなさい」と諭した。庄八は弥陀の法号を唱えて仏の道に入り、その後は怪事は起こらなくなった。ありがたいことである。

【『諸国新百物語』】

第二十一話 末期《まつご》の扇《おおぎ》

江戸鉄砲洲佃辺りに高い棟門のある屋敷があり、笠原殿といわれる弓馬の道で身分の高い人が住んでいた。すでに役をしりぞいて閑を楽しみ、古希になるがいたって丈夫で、日々謡曲三昧《ざんまい》で暮らしていた。

ある日の夕方、笠原翁が壮年のころから出入りしていた小網町に住む久右衛門という者が訪ねて来た。久右衛門も謡曲の達人ですでに六〇を超えているが、共に謡曲を楽しむ仲間であった。しかし、最近は笠原家にしばらく顔を出さなかった。笠原翁も久右衛門の来訪を一日千秋の思いで待っていたが、京都に頼んだ舞扇がなかなか出来てこなかったということや病気で、訪問が延び延びになっていたことを久右衛門が伝えると、翁も久右衛門の病気回復と良い扇を得て喜び、若侍などを集めて酒宴を開いた。

翁が舞い、久右衛門も舞ったが、気がつくとそこにいるのは酌取りと若侍、小坊主ばかり。驚いた翁が障子を開け、縁側から庭のあちこちまで探したが久右衛門の姿はない。これを聞いた人たちが、狐狸が出入りしているのかもしれないと思って用心して邸の隅々まで調べているうちに夜も明け始めた。

昨夜の怪異を噂していると、表に若い男が現れて、「私は小網町の久右衛門という者の息子で新六と申します。父は病に臥してお伺いできずに死にましたが、かねて命ぜられていた京都に注文した扇が届きましたので持参しました」とのこと。これを聞いた翁は大いに驚いてその扇を見ると、昨夜の扇と少しも違わない。昨日受け取った扇を確かめにいくと扇は見当たらない。

翁は新六を近くに招いて昨日の夕方に久右衛門が来訪したことを語ると、新六は涙を流しながら、「今は隠すべくもありませんので、ありのままを申しあげます。父久右衛門は久しく病に臥せっていましたが次第に重くなり、昨夜亡くなりました。末期に及ぶときに京都から扇が到着すると父は喜んで、思い遺すことはないと言い、一刻も早く笠原殿に持参して、遅れたことをお詫びするようにと言って息を引き取りました」と語った。これを聞いた翁は嘆き悲しみ、そこにいた人たちも感涙を流した。

翁は涙を流しながら、「お気の毒なことだ。誠実な一念で幻となって現れ、酒を酌みかわし、舞を舞ったのも今では形見となってしまった。若いころより今日まで友鶴のようにしていたのに、老いた片羽の鶴となってしまった」とさめざめと嘆き、新六には父と同じように出入りするよう伝えた。その後、翁は折々にその扇を持って舞い、久右衛門の霊に手向けて懐旧に涙したということだ。

【『奇説雑談』】

『奇説雑談』（東洋大学附属白山図書館蔵）

第二十二話

猫の怪《ねこのかい》

三月二七日、根岸中村の百姓元吉宅に黒斑で尾が二つある猫がまぎれこんできた。悴の元二郎は猫好きだったので飼うことにしたが、はっきりとした病気ではないながら患いついてしまった。そんな元二郎の夜着の上に毎夜のようにこの猫が臥しているので、親たちは猫が病の元凶かと疑い捨ててしまった。しかし、何度捨てても戻ってしまい、ついに元二郎以外の人にはなつかなくなった。

そこで母親が付き添って元二郎に猫を捨てさせにいったが、庚申《こうしん》塚の辺りで猫と元二郎を見失ってしまった。致し方なく母親は帰宅して元二郎の帰りを待っていたが、それきりなので村の若者たちがあちこちを探したが発見できなかった。

四月九日に天王寺の藪から犬が死人の腕をくわえて来たので、捜索すると、破れた着物が見つかった。母親に見せると、紛れもなく元二郎のものであった。猫が元二郎を食いちぎったと知り、誰もが驚き呆れたということである。

瓦版　猫の怪（早稲田大学演劇博物館蔵）

第二十三話 怪虫と怪物

かいちゅうとかいぶつ

かつて土屋氏の祖先が江戸の浄瑠璃坂を過ぎようとしたとき、一つの香匣《こうばこ》を得た。これを拾って開いてみると、中に一匹の小さな蛇がいる。その色は白金のようで、四〜五寸ほどの大きさがあり、全身が鱗甲となっている。蛇は弁財天の使者ということなので、土屋氏ではこの蛇を神のように崇めた。

後にある人が土屋氏に「龍は陰伏すれば方寸ほどの大きさの入れ物にも入るが昇天すれば即ち風雨となる。かの小蛇は疑いなく陰伏する龍である」と告げた。土屋氏は恐れて寺に納め、数年様子を見ていたが死ぬことなく現在に至るまで凜然としている。

『本草綱目』に「金蛇は宝州、澄州に生ずる。大きさは中指くらいで長さは一尺ほど。常に木に登り、露を飲む。体は金色で日に照らされて光を生ずる。白色のものは銀蛇と名づけられ、錫蛇ともいう。最近は捕獲することが少なくなった」とある。こうした類の蛇なのだろうか。

此物武州土屋氏所持也嘗聞其祖過江都市渓
上瑠理坂時得一香匣開看之其中有一小蛇其
色如白銀大四寸鱗甲悉備矣俗
相傳蛇爲才天使者也故崇之如神
後或人告土屋氏云龍者陰伏則藏
方寸外天則風雨彼小蛇疑陰伏
龍也土屋氏恐而納寺觀經數歳而不死存於今
而凛然也按本艸曰金蛇生賓州澄州大如中指長
尺許常登木飲露體金色照日有光其白色者名
銀蛇又名錫蛇近皆少捕云云蓋此類乎

土屋家の蛇

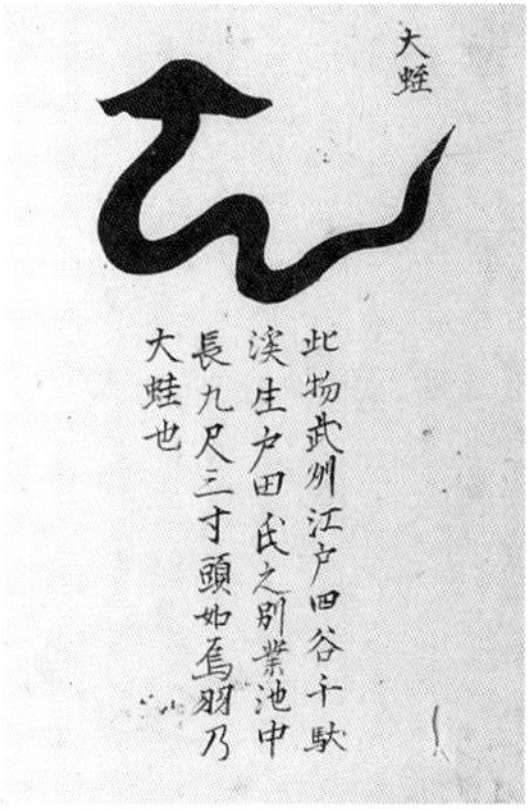

武州江戸千駄ヶ谷の戸田氏の別業池中に現れた、長さ9尺3寸もあり頭は烏の羽のような大蛭である。

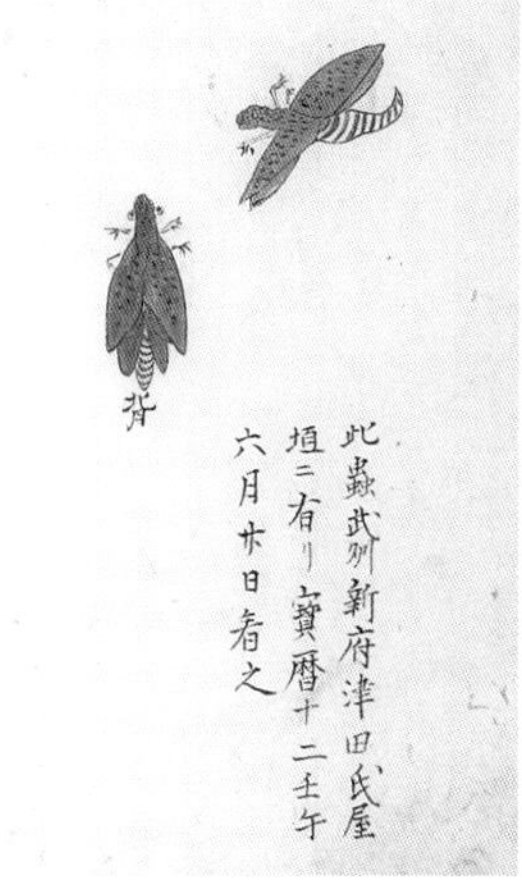

武州新府の津田氏の屋垣にいた虫。宝暦12（1762）年6月20日にこれを見た。

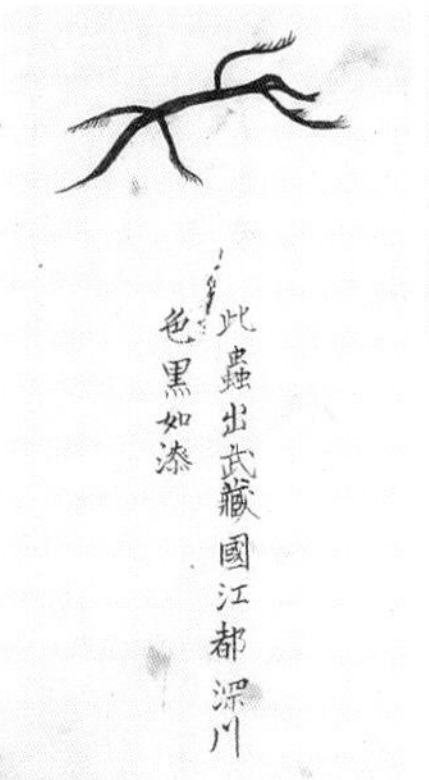

この虫は武州江戸の深川に出現したもので、色は漆のように黒い。

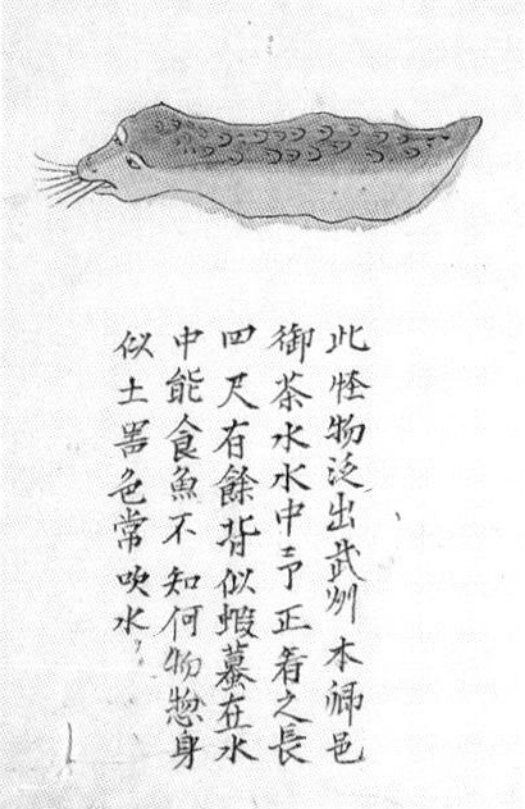

この怪物は武州本郷村御茶ノ水の水中に浮かんでいたもの。長さ４尺余、背中は蝦蟇に似ており、水中にあってよく魚を食す。土器色をしており、常に水を吹いている。

●このページの図版は、『姫国山海録』（東北大学附属図書館蔵）

第二十四話

鬼女《きじょ》

四谷に住む間宮何某の一人娘は至って醜女《しこめ》だった。何某は喜右衛門という男を養子にし、娘と結婚させた後に病死した。喜右衛門は常々女房の顔の醜いのを憂いており、伊藤某、秋山某の両人と相談して衣類、金子などを持ち出して外へ預け置き、賭博に負けたなどと偽って貧しく暮らして、ついには朝夕の煙も絶え絶えとなった。妻は物憂く思って離別状を取り、番町辺りの屋敷に奉公に出ていった。

その後、喜右衛門は秋山某の世話で伊藤某の妹を妻として暮らしていたのを先妻が聞きつけ、夫が偽ってさまざまな画策をしたことを深く怒り、たちまち鬼女となった。屋敷でも血気のある若者たちが押さえようとしたが、一〇倍もの力で相手にすることができない。女は四谷に向かって走り出していったが、その後どこへ行ったか生死もわからなかった。そして、喜右衛門夫婦、子供三人、伊藤親子七人、秋山方の六人がとり殺されているのがわかった。

『模文画今怪談』（東京都立中央図書館加賀文庫蔵）

第二十五話

一つ目屋敷《ひとつめやしき》

番町辺りに良医が住んでいた。夜中に四谷辺りより駕籠で迎えに来たので、薬箱を持たせて駕籠に乗っていくと、立派な武家屋敷へと入っていった。しばらく時間もあったので従者を帰して玄関に上がり、書院に通されて待っていると、綺麗な茶坊主がお茶や煙草盆などを持ってきた。

利口そうな振る舞いに医者は茶坊主の手を取って、「いくつになるのか」などと戯れると、恥ずかしそうな風情で立ち去ろうとして振り返った。その顔はたちまち三尺ほどにまでなり、二つの目が一つの目になって医者を睨んだかと思うと、消え失せてしまった。

医者が奇異な思いでいると、主が座敷に入って来た。挨拶が終わり、「何か見たのですか」と主が聞いたので、声を潜めて今見たことを伝えると、「このような顔ではなかったか」と言った主の顔はさっきの化物の一〇倍もの大きさの一つ目となって畳の縁に消えていった。たまりかねて玄関へ駆け出していくと、幸いにも従者はまだ帰らないでいた。草履を直させると、従者の顔もまたさっきの化物と同じ。医者は「あっ」と叫んで気を失ってしまった。

夜が明けて家より迎えの者がやって来て見てみると、夜中に見たのとはまったく違って屋敷だと思ったところは野原で、そこに倒れている主人の姿。あわてて介抱して帰宅した。怪異のあった場所は化物屋敷で、古狸の仕業であるということをある人が語っていたとのことだ。

【『模文画今怪談』】

『模文画今怪談』（東京都立中央図書館加賀文庫蔵）

第二十六話 人魚の肉《にんぎょのにく》

この人魚の肉は長寿の薬で疱瘡のお守りとなり、歯は人の歯のようで数は多い。長さは四尺五寸で江戸近くの浜辺で発見された。

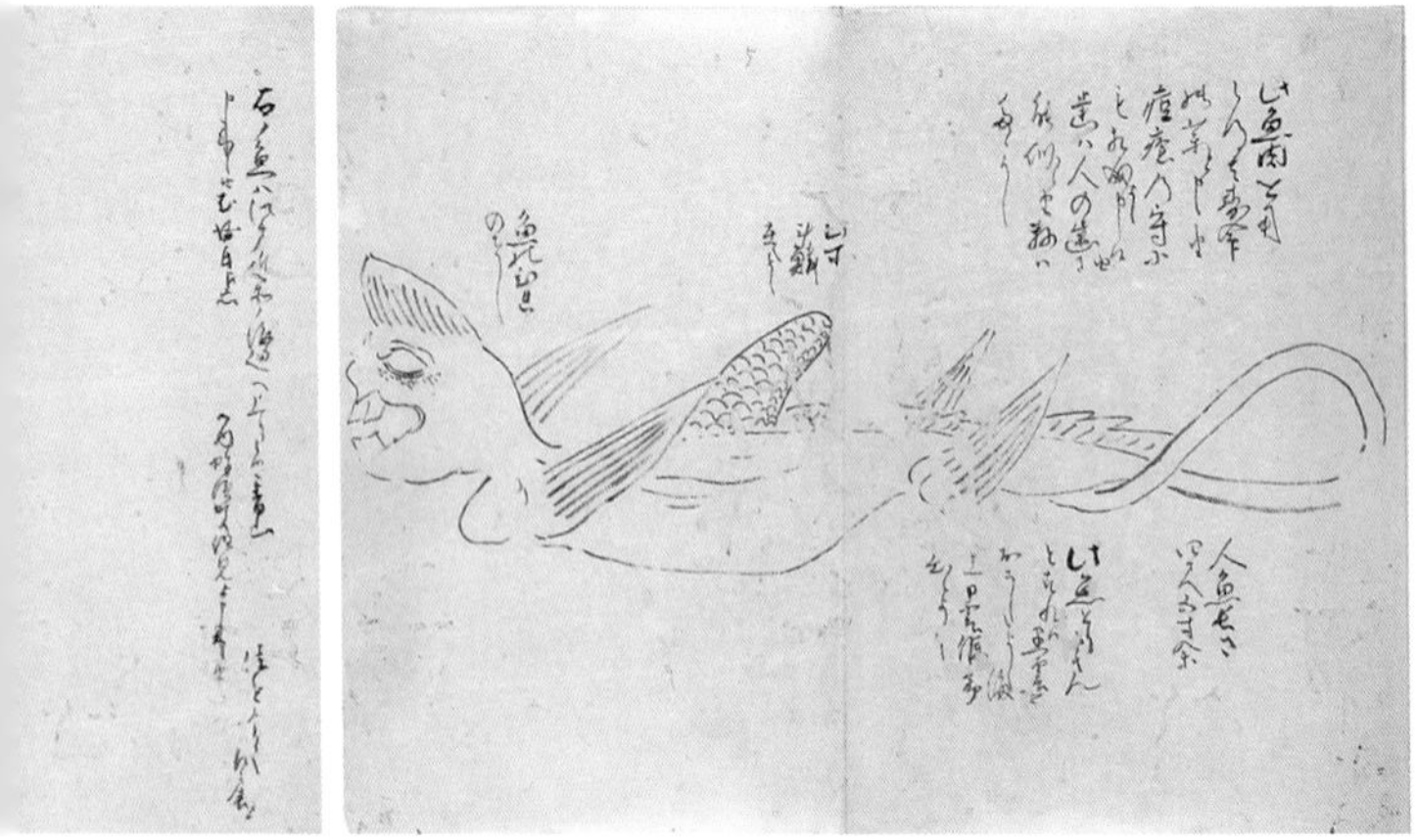

人魚の図

第二十七話 浅草田圃の奇怪《あさくさたんぼのきかい》

江戸市中でもあちこちに田圃や野原が広がり、狸や狐が人を化かした。江戸を代表する繁華街浅草を少し外れた浅草田圃でも、狸に化かされる人がいた。

ある晩のこと、狸の腹鼓の調子に合わせて夜中に鍬をかついで夢中で踊る農夫たちがいたということだ。本所七不思議にある狸囃子の怪と同じく、毎夜のように聞こえてくる太鼓の音がどこから出ているのかを、広い野原をどんなに探しまわっても突き止められないのだ。

江戸名所道戯尽
浅草田圃の奇怪

第二十八話 王子の狐火

おうじのきつねび

王子稲荷は関東の稲荷を束ねる由緒ある社である。近隣は田畑が一面に広がり、そのなかに一本の大榎が聳えていた。

毎年、大晦日になると関東一円の狐が集まり、この榎の下で装束を整えて王子稲荷に行列をつくってお参りする。そのときの狐火は農民が豊凶を占うためにも用いられた。

江戸名所道戯尽　王子狐火

第二十九話 狐の妙術《きつねのみょうじゅつ》

番町はもともと旗本屋敷が連なる地域だが、この地域で毎夜太鼓の音が聞こえてくる。その音はあるいは東のほうから、はたまた西のほうからと定まりなく、風の具合で大きかったり小さかったりもするが、どこの家に聞いてもどこからなのかわからず、またいつのころから始まったのかもわからない状態で、女子供などは怖がっていた。

誰もが狸の腹鼓だろうくらいに思っていたが、音の出所を見極めようという人物が現れた。土手二番町に住む松平欽之丞のところに真壁林之助、篠田伴次郎などが集まり、不思議な太鼓の音の探索について話し合ううち、林之助は太鼓の音だと思い込んでしまうのはいかがなものかと、伯父から聞いた話を喋り出した。

林之助の伯父三輪源作が若かったころ、毎夜のように浅草田圃に狐が出て人を化かすとの噂が広まり、血気盛んな源作は「われが退治してくれん」と夜更けを待ち構えて一人で浅草田圃へと出かけた。しかし、期待した狐の怪はおこらず、がっかりして帰途についた。観音様の裏通りを一町ほど戻ってきたところで、後から足音が近づいてくるのに気づいた。足音の主は六つ七つと思しき子供で、「おじさん」と呼びかけてきた。源作は子供に化けた狐を生け捕るチャンス到来と意気込

み、「この淋しい真夜中に坊やは一人でどこまで行くのかね」と優しく頭を撫でると、子供は身振り手振りで源作が帰る方向を指す。源作は優しい声で「おじさんが負ぶってやる」といって子供を背負い、逃げないようにしっかりと押さえて道を急ぐと、子供は恐れて小便がしたいのでおろしてくれと言い出した。そんな願いを無視して駆け出すと、子供は「背中に小便してもいいか」と言う。仕方なく源作は子供をぐるぐる巻きにして、縄の片端を自分の指に絡めて逃げないようにして背中からおろし、小便をさせた。子供は溝の端でボシャボシャと小便をしはじめたが、いつまでたっても小便をしている。

叱っても「まだ出るまだ出る」と平気な顔で小便をし続けるので、源作も呆れながら小便が終わるのを今か今かと待っていると、いつしか白々と夜が明けて来た。「何と長い小便だ。牛でもこんなに長くはない」と思いながらよくよく見ると、ぐるぐる巻きにしたのは溝の側の榛の木で、小便の音だと思っていたのは田圃から溝に流れる水音、子供の姿は消え失せていた。源作は狐の妙術に感心したという。

林之助はこの話を例に出して、太鼓だと思っている音はもしかしたら水の音かもしれないと言い、さまざまな方面から探索すべきと提案した。かくて、三人は昼間考え、夜に探索すること三週間、しかし、どこに行っても同じ音が聞こえ、結局は音の不思議を見極めることができなかったということである。

【『やまと新聞』明治二〇（一八八七）年四月一七日】

『やまと新聞』明治20（1887）年4月17日

コ・ラ・ム

百鬼夜行《ひゃっきやぎょう》

「百鬼夜行」とはさまざまな妖怪たちが列をなして夜歩くさまを意味するが、その様子を描いたのが百鬼夜行絵巻である。京都紫野の名刹大徳寺の塔頭《たっちゅう》真珠庵には土佐光信筆と伝えられる現存最古の百鬼夜行絵巻が所蔵されている。闇から飛び出して来たかのような青鬼に始まり、幾多の妖怪があるいは列をなし、あるいは思い思いに跳梁《ちょうりょう》するさまは迫力満点の傑作だ。器物の妖怪が多いのは、煤払いのときに捨てられた器物が妖怪となって人間に復讐する様子を描いた付喪神《つくもがみ》絵巻をルーツとしているからともいわれる。

百鬼夜行絵巻は連綿と描き継がれた。江戸時代にも多くの作品がつくられ、他の妖怪絵にも大きな影響を与えた。真珠庵の絵巻と瓜二つのものから妖怪の数や順序が異なるものまで、さまざまな作品が生み出された。真珠庵系とは内容を全く異にするものもあり、百鬼夜行絵巻は大きな広がりを有している。また、「百鬼夜行」は妖怪に関心のない人にも知られているポピュラーな言葉で、暴走族のグループ名にもなったくらいである。

大布の妖怪、赤い妖怪などが跳梁

宿直袋をかついだ妖怪、左にはお歯黒をする妖怪と女官の妖怪

唐櫃をこじ開ける赤鬼と五徳や鞍の妖怪

夜行する器物の妖怪たち

大葛籠《つづら》にうごめく妖怪たち

第三十話　井戸のなか《いどのなか》

　太田道灌が江戸に城を築かせたころ、この地は水が乏しく人々は苦労していた。そのころ、舟木甚七という裕福な町人がいた。彼は掘り抜き井戸をつくろうと、山師を雇って深さ百丈もの井戸を掘らせた。山師が井戸の穴の底に座って休んでいると、地中から犬の吠える声や鶏の啼く声がかすかに聞こえてくる。怪しく思ってさらに四～五尺掘ると、切り通しの門がある。その道を探りながら一町ほど行くと、にわかに明るくなった。

　出口から空を見ると青天白日で、下は大きな山の峰に続いている。山師がこの峰に下り立って四方を見渡すと明らかに一つの世界があった。山から谷に下り、峰に登るなどして一里ほど歩くと石の色はすべて瑠璃のようになり、その山間に宮殿が出現した。その宮殿は玉を飾り、金をちりばめ、瑠璃の瓦、瑪瑙《めのう》の柱で、言葉に表現できないほどであった。大木が多く茂っていたが、木の形は竹のようで色は青くて節があり、葉は芭蕉に似て紫の花は車の車輪ほどの大きさ。五色の蝶は羽が団扇《うちわ》ほどもあって花に戯れ、雁くらいの大きさの五色の鳥は梢を飛び回っている。さまざまな草木が生えていたが、どれもが見たこともない花を咲かせ、実をつけていた。岩間から流れ出る二筋の滝は、一つは色の清いことと磨いた鏡のようであり、もう一方の水は乳のように白かった。

　麓から一町ほど行くと楼門がそびえ、「天桂山宮」という額が掲げられていた。二人の門番が山師を見つけて走り出てきたが、その背丈は五尺余で玉のように美しい顔立ち、赤い唇、白い歯、髪は紺青の糸のようで、緑色の法衣、黒い烏帽子《えぼし》姿であった。「汝は誰で、どうしてここへ来たのだ」ととがめる。山師がありのままを語っていると、門のなかからきらびやかな装束で、美しく艶やかな顔をした二〇人ほどの人が出てきて、「怪しい、けがらわしい匂いがする。どうしたことか」と門番を責めた。門番は恐れた様子で、「人間世界の山師が迷い込んでしまいました」と言って、事の詳細を話した。そのとき、奥から照り輝くような緋色の装束に金の冠をかぶった人が出て来て、「大仙玉真君から、この山師を連れて遊覧させなさいとの命令だ」と告げた。

　まず山師の体を清い滝で洗わせ、白い滝で口を漱がせた。その水の甘さは蜜のようであった。山師が思いのままそれを飲んでいると、酒に酔ったように気分がよくなった。門番が引き連れて山間を巡ると、宮殿、楼閣が谷間ごとに立ち連なっていた。しかし、門内に入ることは許されなかった。

　半日ほどして山の麓の城に至った。楼門の上には黄金で「梯仙皇真宮」と書かれた額があった。城は水晶で金銀の壁、玳瑁《たいまい》の垣、琥珀の欄干、垂木の装飾は白玉、シャコ貝の簾、軒の装飾は真珠、五色の玉を庭の砂子とし、見たこともない草木や鳥がいて厳浄な様子はたとえようもない。しかし、門のなかには入れてもらえなかった。門の内には言葉に表わせないようなことがあるのだろうと思い、「ここはどこですか」と問うと、門番が「ここは諸々の仙人が初めて仙術を得てやってくる所だ。ここで七〇万日の間修行をし、その後に天上に昇って、蓬莱宮、藐姑射《はこや》山、玉景崑閬《ぎょくけいこんろう》などに行って、仙人となり、符籙印呪《ふろくいんじゅ》薬術を究めて飛行自在の通力を獲得するのだ」と語った。山師は、「ここが仙人の国ならば、人間世界の上ではなくて下にあるのはどうしてか」と言うと、「ここは下界仙人の国である。人間世界の上には上界仙人の世界がある」と伝えた。

そして、「早く人間世界に帰れ」と言って白い滝に連れてきてその水を飲ませた。山師は元の山に登って最初の大門の前に行き、奥に奏して玉の簡と金の印を出してもらい、これを持って元の岩穴に出ると、門が次々と開いた。送って来た門番は、「ここに来て半日ほどだと思っているだろうが、人間の世界では数十年が過ぎている」といって元の穴に山師を入れた。

気がつくと、富士山の麓の洞から出た。江戸に戻り、太田道灌のことを尋ねると、それは一〇〇年も前のことであり、井戸を掘らせたという話も知っている人はなく、井戸を掘った跡も見つからなかった。人改まり、家並みもすっかり変わって城は栄えていた。山師は自分の家を尋ねたがわからず、一族も見つけられなかった。江戸に築城されたのが長禄元（一四五七）年、山師が戻って来たのが弘治二（一五五六）年、一〇〇年ほど経っていたのである。山師は五穀を絶って木の実と水だけの生活で、足にまかせて修行し、数年後に富士の嶽である人が出会ったが、その後どこにいったのか誰も知らない。

【『伽婢子』】

『伽婢子』（国立国会図書館蔵）

第三十一話　雷獣《らいじゅう》

江戸時代には、空から落ちてきた生き物の話が少なからず伝わっている。その代表格が雷獣だ。雷のときに落ちてくることからその名前があるが、形は一定していない。文政六（一八二三）年八月一七日の風雨が激しい夜に出現した空からの来訪者は果たして何だったのだろうか。

一見してその異様な姿からこの世の動物とは思えないが、角のように長く伸びているのは鼻、その下には大きく飛び出した一眼を有している。想像を絶するような不気味さが漂うこの生き物が発見されたのは、築地鉄砲洲の細川采女正《うねめのしょう》殿の屋敷だった。猫よりは小さく鼬《いたち》よりは大きかったという。鼻は犀や牛の角のようだった。

落ちてきたときにはすでに死んでいたが、あまりにも異様な姿に動揺やあらぬ噂が立つことを恐れたのだろうか。屋敷内ではこの幻獣を犬の子として話をあわせていたようだ。

しかし、噂話は広まっていったようで、この幻獣を描いた資料が他にも伝わっている。参考図もその一つでかなり太った姿で描かれているが、鼻の特徴などは一致しているようだ。図には「異獣之図」、参考図には「怪獣図」とあることからもこの生き物がどのように思われていたかが見てとれる。細川采女正殿の屋敷以外でも江戸市中の三、四ヶ所に落ちてきたとも記されているが、それらについての詳しい記録はない。

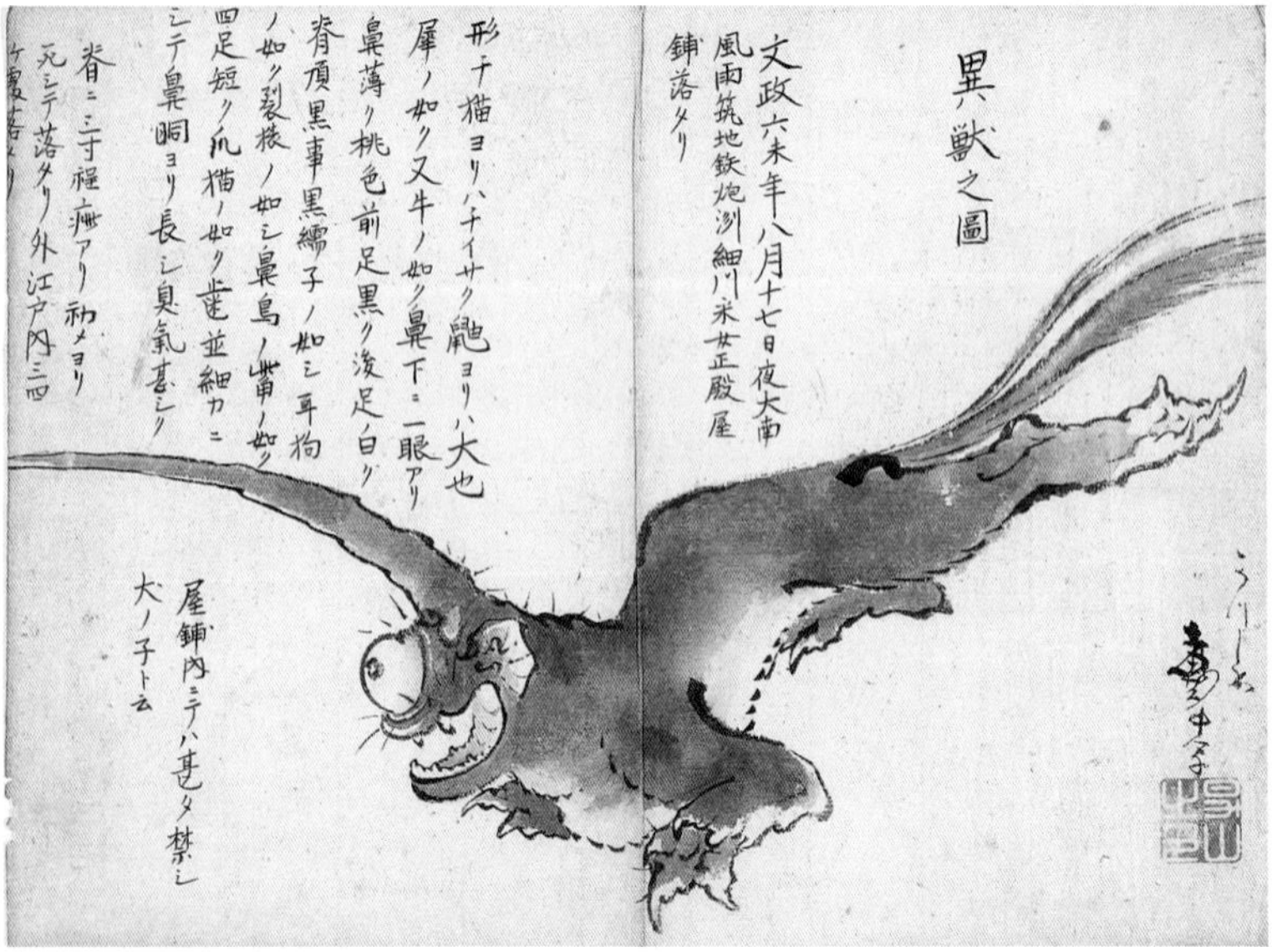
異獸之圖
文政六未年八月十七日夜大雨
風雨築地鉄炮洲細川采女正殿屋
鋪落タリ
異獣之図　築地の細川邸に落ちてきた幻獣。

怪獸圖
文政六年癸未八月十七日夜暴
風雨之節柳原細川采女正屋敷
落
耳
大如猫
怪獣図　これもおなじく細川邸の幻獣だが、形はだいぶ違う。

第三十二話 河童の形

かっぱのかたち

明和年間（一七六四〜七二）に、本所御竹倉付近において傭夫らが怪しい生き物を捕えてまさに打ち殺そうとしていた。そのとき、傭夫の監督者がそれを止めて、大田澄元にその名を問うために、姿形、特徴などをつぶさに伝えた。澄元は速やかに現場に来て、「これは水虎というもので、俗に河童といわれているものである」と懐より図を出して比べると少しも異ならない姿であった。その図を伊東長兵衛が書きとめ、その写しには文政癸未（一八二三）八月に書き写されたものと記されていた。

澄元が生きているこの怪しい生き物を見たのは二回あったが、その図と異なるところがなかったとのことである。長さ二尺ほどで全身が水苔のようであり、鯰に似てぬるぬる滑り、頭髪は棕櫚《しゅろ》毛のようで黒く、手足は鰻の肌に似ており、曲がった箇所に白いくぼみがあって鰭に似ている。背中と腹は同じ色である。享保年間（一七一六〜三六）に越前において田圃に子供を産み落としたのを取って上覧に備えていたことがあったが、これは人の赤子によく似ていた。

【『水虎考』】

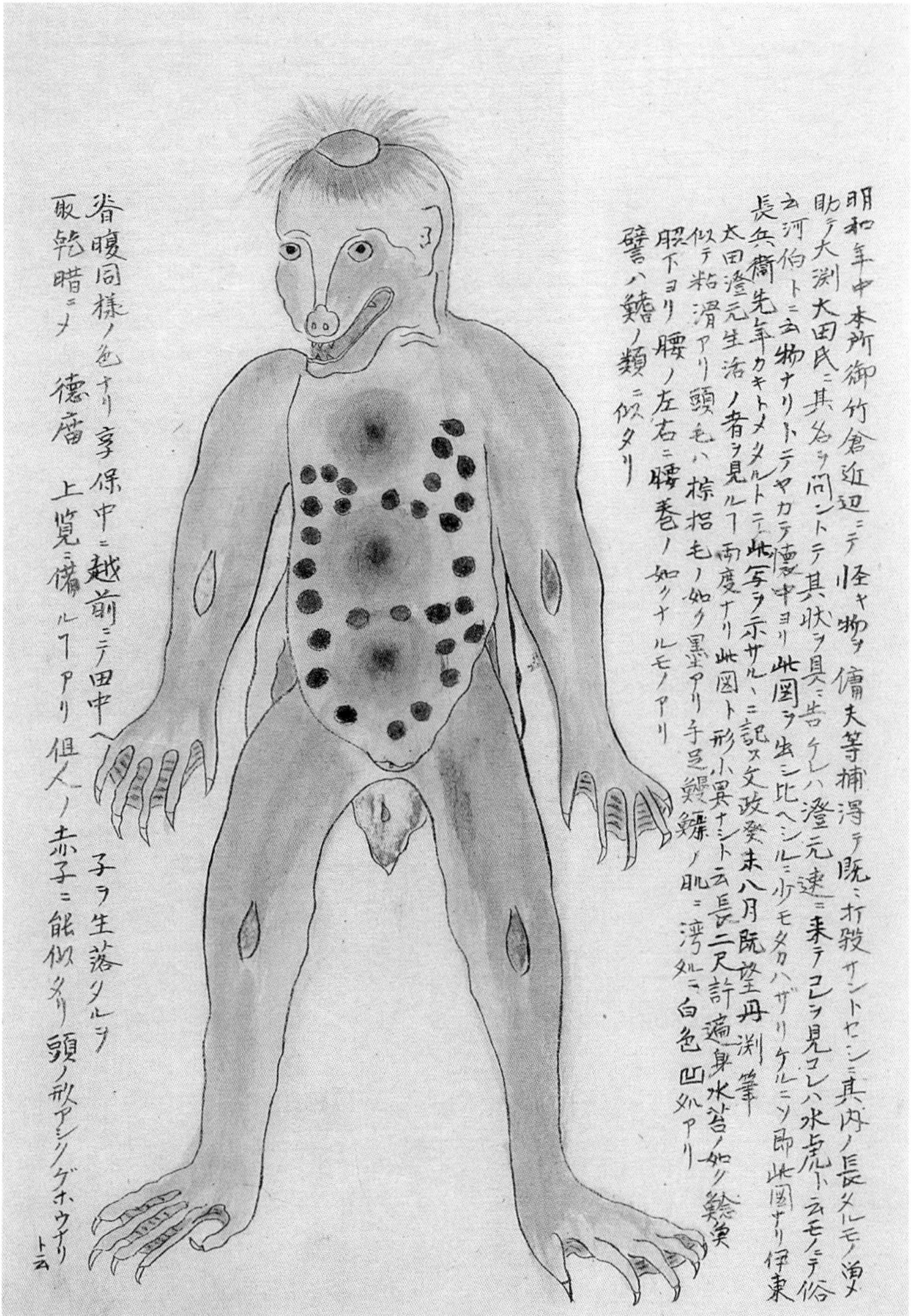

『水虎考』 本所で捕えられた河童。

第三十三話 天狗の世界

てんぐのせかい

江戸下谷七軒町の越中屋与惣次郎の次男で一五歳になる少年寅吉は、東叡山の山下に遊んで、黒門前の五条天神の辺りで五〇歳くらいの髭の長い旅装束の翁と出会った。翁は小壺から丸薬を取り出して売っていた。やがてその小壺に丸薬だけでなく、取り並べていたものや小葛籠《つづら》までも難なく入ってしまった。それどころか自らもその小壺に入り、小壺は空中を飛んでどこかにいってしまった。

不思議に思った寅吉は後日再びその場所に行き、翁に誘われて一緒に小壺に入り天狗の世界を体験する。天狗の世界を訪れた少年がいるとの噂を耳にした平田篤胤《あつたね》はすぐに少年に会ってその真偽を確かめようとした。文政三（一八二〇）年一〇月、微にいり細にわたり執拗に寅吉に質問した結果、その言に疑うところがなく、寅吉がまさしく天狗の世界を見てきたとの結論に達した。

【『仙境異聞』】

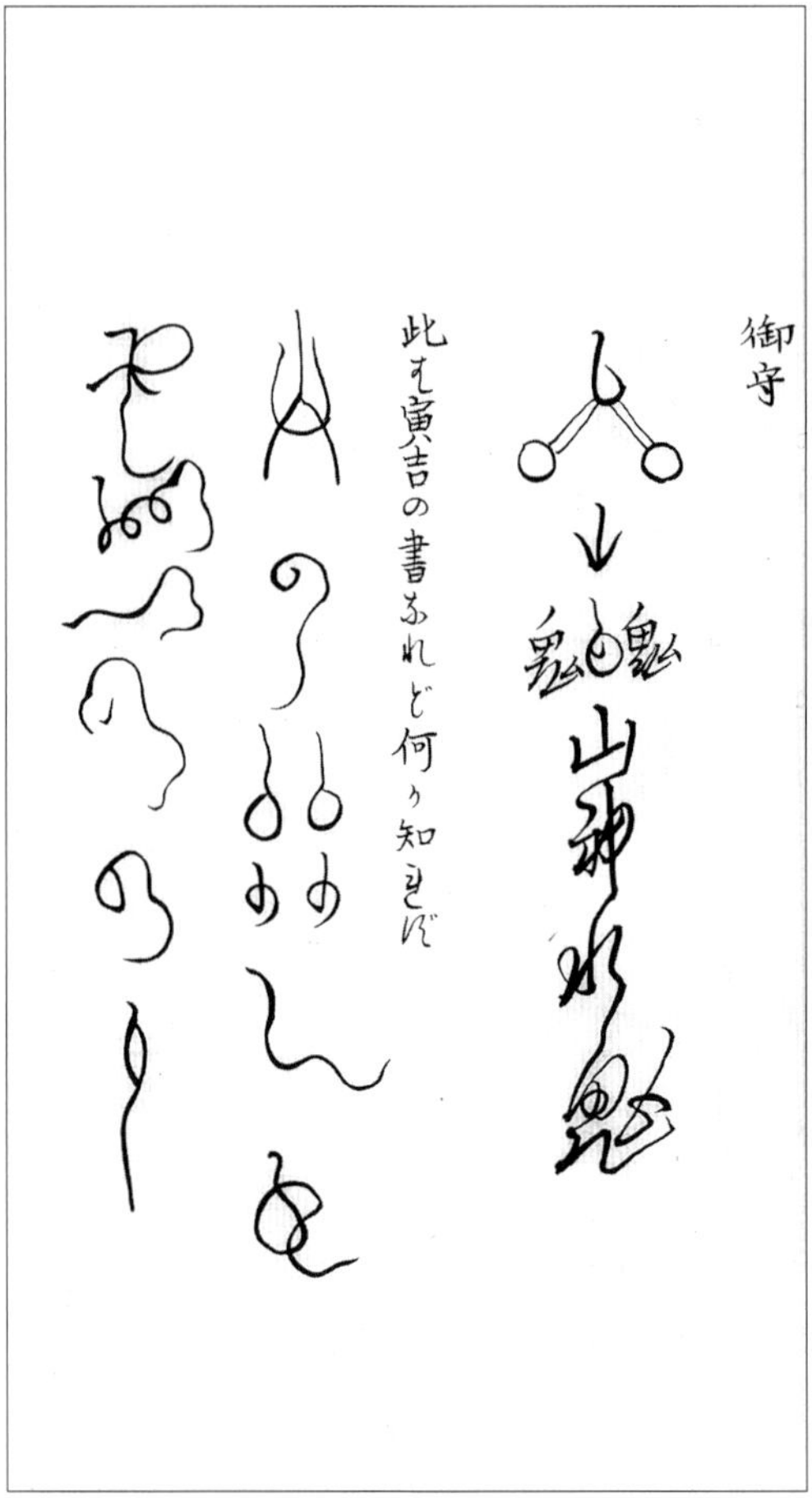

『仙境異聞』より寅吉の書いた天狗の字

『仙境異聞』より寅吉の顔

第三十四話 轆轤首《ろくろくび》

根岸辺りに住む何某は至って貧しく暮らしていたが、ある浪人の娘が身分不相応の嫁入り仕度で妻となった。

はじめのうちは気づかなかったが、この妻が夜半になると首が抜け出て行灯の油を舐めるのを見てしまった。それで早々に金子をつけて離別してしまった。

これは轆轤首というものである。

【『模文画今怪談』】

『模文画今怪談』（東京都立中央図書館加賀文庫蔵）

第三十五話 ヤドカリの昇天

やどかりのしょうてん

世にいうヤドカリは蟹に似た形で、自らの殻を持たず、あるいは田螺《たにし》、あるいは法螺貝《ほらがい》などの殻に宿っているからその名前がついている。

七月二〇日のこと、道灌山で、八時ごろには晴れていたのが、急に雲が出て天候が悪化した。風が砂を飛ばしたかと思うと鋭い一声を発して法螺貝が出現し、殻を残して空に昇っていったという、前代未聞の不思議なことがあった。

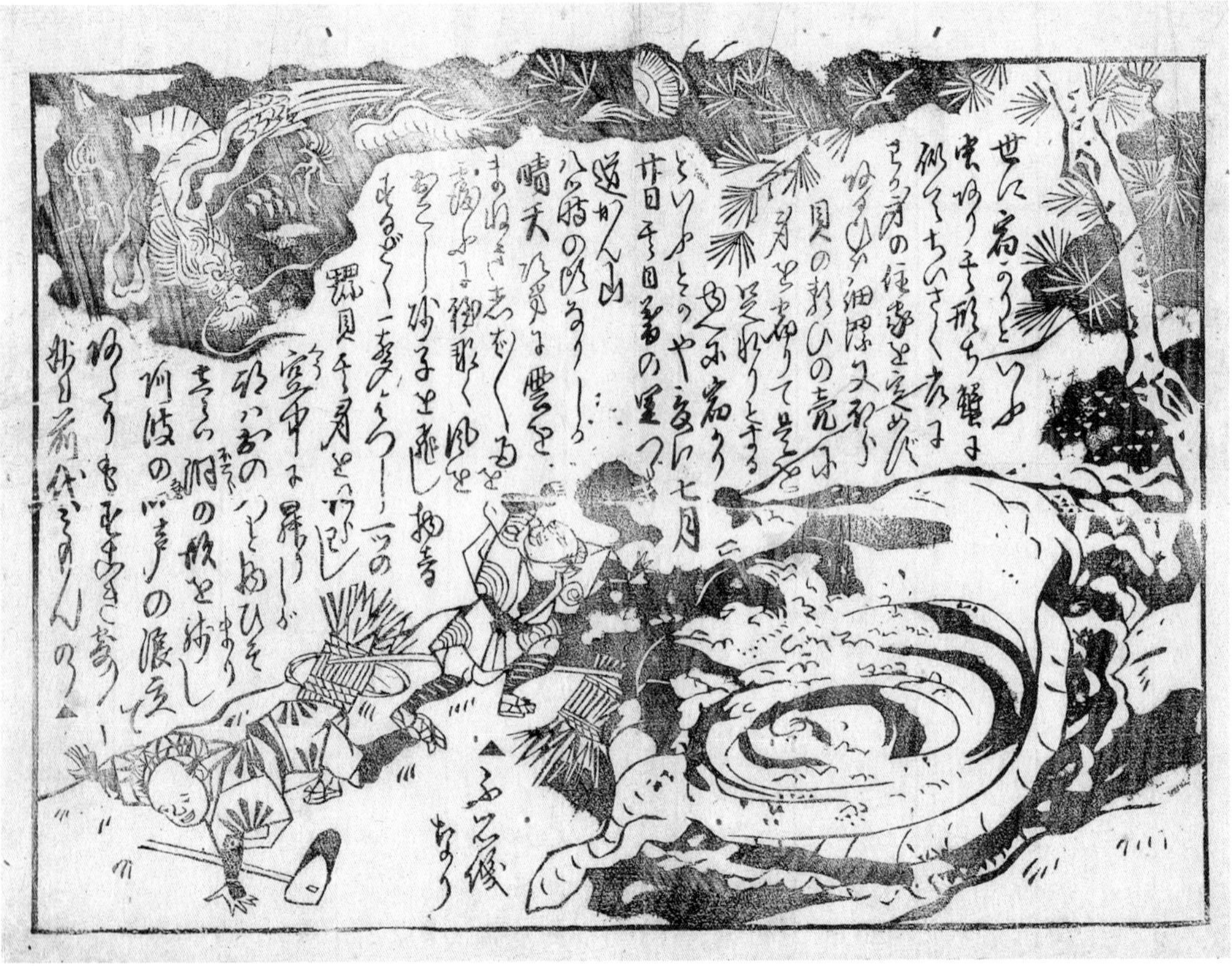

瓦版　ヤドカリ（国立歴史民俗博物館）

第三十六話 もの言う猫《ものいうねこ》

牛込榎町御先手組に住んでいる鳥羽某の家に、年久しく飼っていた白黒斑の牡猫がいた。天保六（一八三五）年秋のこと、この猫が縁側で人の言葉で、「来たか」と言うと隣の猫が来て、「ニャアニャア」と答えた。主人が障子越しにその声を聞いて不審に思ったが、人がいないので猫が喋ったと知った。心の広い人なので驚きもせずに猫を可愛がっていた。

またある日、町の者が来ていたときに隣の猫が、「ニャア」と言って入ってくると、「また来たな」という声。障子を開けてみると猫がいて、言葉を喋ったに違いなかった。そのことを主人に告げても一向に驚かなかった。それから一年ほどしてこの猫は老死した。

このように猫が喋るという話は数多く伝わっている。『新著聞集』には次のような話が書かれている。淀の清養院住持が天和三（一六八三）年夏に痢病を患い、厠に行くと、縁側の切戸を叩いて、「これこれ」という呼び声が聞こえる。すると飼っていた猫が炬燵から走って来て鍵を外して外の大猫をなかに入れ、再び鍵を閉めた。炬燵に上がった大猫が、「今夜は納屋町で踊りがある。行こう」と誘うと、清養院の猫は、「このごろは住持が病気なので行けない」と断った。「それならば手拭を貸せ」と言ったが、「それも住持がちょくちょく使うので貸せない」と断ると、大猫は出ていったという。

同書には、増上寺の脇寺徳水院で、梁の上で鼠を追っていた猫が梁から落ちて、「南無三宝」と大声を出したことも記されている。

また、『耳嚢《みみぶくろ》』には、寛政七（一七九五）年春、牛込山伏町の寺院で和尚が鳩を追い逃がすと、飼っていた猫が、「残念なり」と物を言ったことに驚いた和尚が、「畜類が人語を喋るのは人を誑《たぶら》かそうとしているからだ。私が殺してしまおう」と言うと、「一〇年も生きていれば人語を喋り、一五、六年も経てば神変を得ることができる」と猫が返答した。住持が、「そうは言っても汝はまだ一〇年も生きていないではないか」と詰問すると、「狐と交わって生まれた猫は一〇年経たなくても人語を喋る」と答え、猫は三拝してどこかへ行ってしまった。これは清養院の最寄りに住んでいる人の話である。

【『想山著聞奇集』】

『想山著聞奇集』（国立国会図書館蔵）

第三十七話

珍獣
ちんじゅう

寛政一一（一七九九）年夏、江戸本所の佐野錸之助領である下総葛飾郡上本村の風早明神社で女児が鳴声を聞きつけ、親が駆けつけてみると、見たこともない獣がいた。大きいものは逃げ去ったが小さいほうを長い竿で撃ち落とし、しばらくすると生き返った。珍しい獣なので六月一五日に佐野家へお見せした。

佐野宅でこの獣を見たが、魚や鳥、果実は食べたが、穀類は食べなかった。形は子犬くらいだが、全身が黒色で胸から喉にかけて黄赤で黒い斑点があり、歯が鋭く、素早くて高く飛び上がる鼬《いたち》のような獣だった。

『奇怪集』の珍獣

第三十八話 大猫釣り《おおねこつり》

麻布笄《こうがい》町辺りのお大名の下屋敷で、ご隠居付きの盲人の鍼《はり》医師が治療後の帰宅途中に行方不明となり、皆で探したがどこを探してもわからない。

日が過ぎてある農民が畑で狐に化かされたように肥壺に入っている鍼医師を発見し、さまざまに介抱すると正気を取り戻して、家に帰った。

この話を聞いた下屋敷では狐退治に乗り出し、狐釣の名人を呼び寄せた。狐釣の名人は毎夜ごまめを餌に狐を捕まえていたが、ある夜に見たことも聞いたこともない大猫を捕まえた。この猫は斑で尾が二股に割れており、三尺二寸もの大きさだった。この猫を捕えたのは下総国佐倉郡与田村の五六歳の農民で、普段から猟師もしていたとのことだ。まことに珍しい話である。

瓦版　大猫（国立歴史民俗博物館）

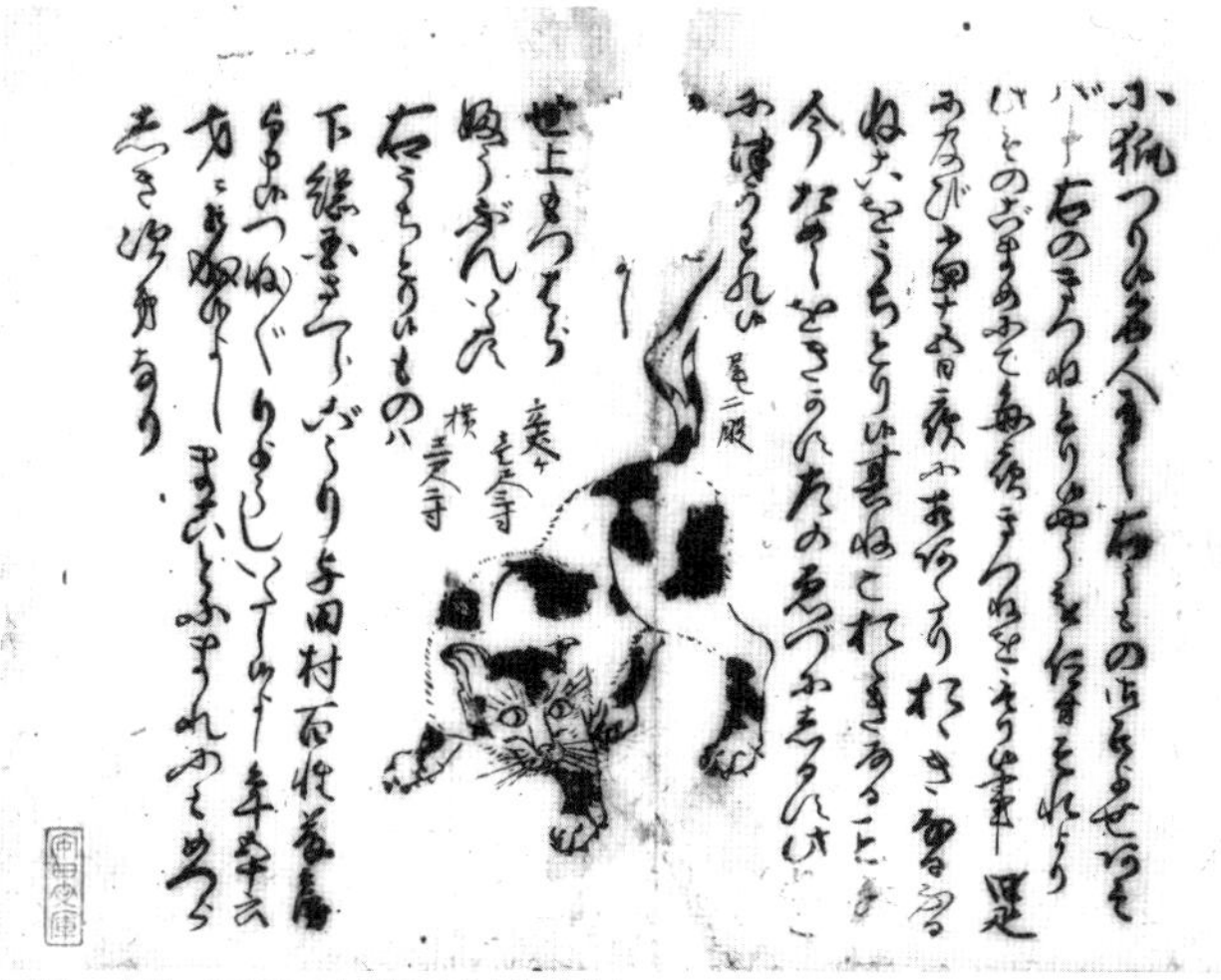
瓦版　大猫（早稲田大学演劇博物館蔵）

第三十九話 太夫の顔《たゆうのかお》

『絵本小夜時雨』（名古屋市蓬左文庫蔵）

吉原で女郎四、五人が話をしていた。どんな話をしているのか聞きたくて、ある客が廊下づたいにその座敷に行こうとした。一人の太夫がちょうどその座敷に通じる廊下を歩いていた。

客は戯れに太夫の打掛の裾を引き留めると、太夫が振り向いた。その顔を見ると目は日月のようで、口は耳まで裂けていた。その太夫が睨んだので客は気を失い、その後は遊郭へ行くことはなかったという。

【『絵本小夜時雨』】

第四十話 「ととよ」

遠州生まれの修行者が江戸の新材木町辺りで修行に努めていた。国へ戻るため

『模文画今怪談』（東京都立中央図書館加賀文庫蔵）

に東海道を旅した折、品川において旅座頭と連れになった。聞けば江ノ島鎌倉へ参詣するとの話。急ぎの旅でもないので同道すると、この座頭が二〇〇両もの大金を持っていることを知った。ふと悪心がおこって七里ヶ浜で座頭を殺して金を奪い、江戸麻布の辺りに住んで妻を迎えて富貴な暮らしを始めた。ほどなくして一子をもうけたが、言葉を喋らなかった。そして長ずるに従い、殺した座頭の顔にそっくりとなっていった。

ある夜、この子が父に向かって初めて口を利き、「ととよ」と言ったので大いに驚き、「何事か」と問い返すと、「七里ヶ浜のことを覚えているか」と睨みつける顔の恐ろしいことたとえようがない。すぐに刀を取り出して刺し殺し、その刀で髻《もとどり》を切って出家し、諸国修行を志したということだ。これは本人から直接聞いた話である。

【『模文画今怪談』】

第四十一話 火の玉のなかの老婆

ひのたまのなかのろうば

ある人、本所隠亡堀《おんぼうぼり》の辺りに庵を結んで住んでいた禅僧のもとへ行って、よもやま話で時間が過ぎ、夜もたいへん更けて不気味な雰囲気になってきた。

田圃道を過ぎて松の大木のもとを通りがかろうとしたとき、梢から渦のような光る物がころころと落ちてきた。何だろうと怪しく思って近寄って見てみると、その火の玉のなかから七〇ほどの老婆が身震いして這い出し、にこにこ笑いながらつかつかと近づいてくる。近寄ったところを抜き打ちに斬ると手ごたえがして老婆も光も消えてしまったとのことである。

【『模文画今怪談』】

『模文画今怪談』（東京都立中央図書館加賀文庫蔵）

第四十二話　二人魂魄《ふたりこんぱく》

四谷辺りの何某という由緒正しい家に二八（一六歳）になる花盛りの一人娘がいた。春の日に上野に遊山に出かけたところ、一人の若者に出会った。この若者は白金台に住むやはり由緒の正しい家の一人息子で、上野の大師に詣でて帰るところだった。お互いに見初めて深い恋仲となり、親に隠れて若者は夜な夜な娘のもとへ通うようになり、娘もまた若者のところへ通っているとの評判がぱっと広まった。

娘の父はこれを知り、ある夜、白金台に赴いて若者の親に仔細を話し、若者の部屋をそっと覗くと、娘が来ていて話をしている様子。「くせものめ」と抜き打ちに斬りかかると、娘の姿はたちまち消えてなくなってしまった。わが家に帰り一間をそっと覗くと、娘はいつものように若者と一つ床にいるではないか。これを見てさっきと同じように若者に斬りかかると今度は若者が消え失せてしまった。

この不思議に双方の親は驚いて、早々に婚礼を行ったということである。互いに慕う魂魄が形になって現れたのか、はたまた狐狸の仕業かとさまざまな噂を呼んでいる。

【『模文画今怪談』】

『模文画今怪談』（東京都立中央図書館加賀文庫蔵）

第四十三話

若い僧《わかいそう》

武蔵国浅草橋場の総泉寺に宥伯というはなはだ美しい若い僧がいて、誰もがその容姿をほめていた。ある夕暮れからぼんやりとして話さなくなり、時おり硯を出して何かを書いている様子だが、見ようとすると隠し、恋文の様子。「気分はどうか」と聞いても答えず、七日ほどすると夜の間に行方不明になってしまった。

人々が手分けして方々を探したが見つからず、仕方なしに寺の僧たちが寺内にある妙義山神社にお祈りすると、祈りが通じたのか一三日目に寺の堂の下からうめき声が聞こえた。縁の板を外してみると土の下一尺ほどのところに小袖が見える。引き出すと、それは宥伯だった。痩せ衰えて正気でない様子に、僧たちは陀《だ》羅尼《らに》を読み、さまざまな祈りをすると宥伯はやっと我に返った。

人々は、「今までどんな心持だったのだ」と尋ねると、宥伯は、「私は自分が美しいことにうぬぼれていましたが、ある日の夕暮れに一人の女が密かに手紙を持ってきました。読んでみると大名の娘からの手紙で、私に思いを寄せているとのこと。嬉しいことだと返事を書くと、『夕方、密かに人を迎えにやりますからついて来てください』との手紙が来て、以前の女が迎えにきました。

連れられて行くと大きな館の裏門が細く開いています。そっと入ると火がかすかに灯り人も少ない。綺麗な部屋に屏風が立てられ、そこに美しい娘が隠れるようにいて、私を見ると非常に喜びました。案内してきた女は乳母のようで、盃を出してもてなしてくれました。こうしてさまざまなもてなしを受け、娘と契ったのですが、家老とおぼしき者がやってきたのです。娘が逃げると、私を捕えて縛ってしまったので、嘆き悲しんでいるうちに我に返ったのです」と顛末を語った。

「さては、狐の仕業に違いない」と宥伯のいた穴を掘ってみると、奥深くに狐が四、五匹いて逃げていった。そこには宥伯が寝た跡だけがあり他には何もなかった。宥伯は懺悔し、その後は何も起こらなかった。元和二（一六一六）年のことである。

【『因果物語　平仮名本』】

『因果物語　平仮名本』（東京都立中央図書館東京誌料文庫蔵）

第四十四話 蓮華提灯

れんげぢょうちん

江戸の浅草辺りに綾部春之丞という人が住んでいた。先ごろ妻を亡くして外にも出ずに亡妻のことを思い出して沈んでいたが、「今宵は盂蘭盆会《うらぼんえ》なので、あちこちに提げられた提灯の様子でも見てみよう」と門に佇み、彼方此方を眺めていた。すると向こうから一人の禿《かむろ》が蓮華の描かれた提灯を提げて、二八《にはち》（一六歳）くらいの娘を先導しながら近づいて来る。月明かりでこの娘を見ると、花のような顔、月のような眉、麗しいこと限りない。天津乙女の舞い降りたかのような姿に、春之丞は娘の後を追った。

春之丞に気づいた娘は振り返って微笑みを浮かべ、「私はあなたと約束していませんが、今、私を慕ってくれる心が嬉しゅうございます」と言って、袂を顔に押し当ててこちらに歩いてくる。春之丞は思わず後ずさりしたが、やがて娘の側に進み、「見苦しい身の見苦しい家ですが、しばらく休息していってください」と案内しながら家に戻り、奥室に招じ契りを結んだ。「今宵はいかなる良縁か、妻のない身なので媒《なかだち》を立てて御身を迎えたい」と春之丞が告げると、「私は芳江という者です。父は幕府に仕えていましたが病死し、母も後を追うように死んでしまって、兄弟もいないので身を託す人もなく、今はこの禿と二人で菩提所である本郷丸山の本妙寺に仮住まいしています」と身の成り行きを語って涙するといった具合。やがて夜は白み、芳江は春之丞に別れを告げて禿を連れて帰っていった。

それからというもの、芳江は雨の夜、風の夜といえども春之丞のもとに通ってきた。春之丞の隣の翁は春之丞が毎夜何やら語り、笑い、喜んだり悲しんだりしているのを訝しがっていたが、ある夜壁の隙間から窺い見ると、白骨が春之丞に寄りかかり、春之丞はしきりに情を述べ、笑い、喜び、悲しむなどしている様子に驚愕して、翌日にそのありさまを春之丞に告げた。

「お前はまだ若い。あのような妖怪に身を近づけると精気を失い、やがて死んでしまう。慎みなさい」

春之丞は、「翁の親切は有難いが、私は妻を亡くして淋しくしているときに娘に出会いました。娘の父親は幕府の近臣某で、父母が死んだので本郷辺りに住んでいます。いずれ妻として迎えたい」と言って、翁の忠告を容れる様子はない。翁は、「そんなに疑うならば本郷に行って本妙寺で娘の素性を確かめてみなさい」と再度忠告すると、春之丞も本郷に赴いた。本妙寺で寺の小僧に尋ねても芳江の消息はわからない。いかんともしがたく、帰ろうとして寺の一室の前を過ぎようとしたとき、芳江が通ってくるさいの蓮華提灯があるのを見つける。怪しんだ春之丞が部屋に入ると、錦に覆われた棺があり、その前に位牌があって傍らに藁で作った人形に蓮華提灯を持たせていた。位牌には、「至妙院芳江大姉」とある。

身の毛がよだった春之丞は逃げるように家に戻って翁に顛末を知らせると、翁は成田山の不動明王の霊験あらたかなことを説き、その加護に頼ることをすすめた。春之丞は成田山の不動明王の神符を得て一つを門口に貼り、もう一つを自分の寝室に祀った。

それからは芳江は現れることがなかったが、一ヶ月ほどして春之丞は友人の家の弔いの帰路に酩酊したまま道を本郷にとり、本妙寺の前を過ぎようとした。そこへ禿が来て春之丞の袖を引いて芳江のもとへ連れていった。芳江は神符を貼って自分を避けたことを責め、春之丞の手を握ると二人の姿は消えた。

朝に出たまま夜になっても帰ってこない春之丞を怪しみ、翌日、翁が春之丞の友人の家を訪ねると、春之丞は本郷辺りに用事があるといって七つ下りに帰ったとのこと。驚いて本妙寺に赴いて顚末を話すと、芳江は幕臣の娘で今年一七で死に、埋葬されていた。怪事なので僧と翁が墓所に行ってみると、芳江の石碑の下から着物の裾が見え、掘り返すと芳江と春之丞の抱き合った死体。

『開巻消魂妖怪百物語』

公儀に届け出た後に二人を一ヶ所に埋葬した。

その後、雨が降ったり風が吹いたりする夜に二人が手を携えて、蓮華提灯を持った禿を従え、寺の門前を徘徊する姿が見られるようになり、夕方になるとこの辺りを通る人はいなくなった。そのために寺では高僧を招いて追善供養を行ったところ、二人は現れなくなったという。

【『開巻消魂妖怪百物語』】

第四十五話 鬼となった嫁《おにとなったよめ》

江戸には名井といわれるところが多くある。牛込の堀かねの井、源介橋の油の井、神田の宮の小路町の井など一八ヶ所あるという。いずれもが国守、城主、旗本などが軒を並べるようなところで、築地塀の内で名井を利用することが多いなかで、桶町の譲の井は、この町を拓いて住み始めた桶屋太郎作という者がつくった井戸である。

太郎作は慈悲深く、身を捨てても人のために世話をするような人物だった。桶町付近は総じて水が不足し、多波河の流れから樋で町小路に水を引き込み、水道と名づけて朝夕の用水としていた。しかし、太郎作の井戸だけは清潔で、夏は冷たく冬は温かく、鉄気《かなけ》もなく、京都の水のようであった。近辺五町十町ほどには井戸水を汲ませ、遠方の者には水を自ら汲んで運び、人の役に立つことを喜んでいた。桶町の冷水は誰一人知らない者はなく、太郎作は夏の炎天下に行き交う人の汗をしずめ、咽を潤すためといって終日水を汲み出して接待するなど、心から人を思いやっていた。

さらなる善行として、二人の子に手わけして水を持たせて辻接待を始めた。長男は太郎市といって二一歳、次男は太郎次郎といって一六歳だった。

あるとき、太郎市が帰ってきて父に向かい、「今日私が数寄屋橋辺りを通ると、一六、七の娘が腹を痛めておりました。薬を飲むために水を乞うてきましたが、さらに病が重くなってはと心配し、連れ帰りました」と語った。

太郎作も息子の慈悲を喜んで娘を呼び入れ、介抱しながら、「どこから来てどこへ行くところですか」と尋ねると、「私は芝の増上寺前に住む菅野何某の娘で去年の冬に神田の台所町に縁づきましたが、結婚直後に両親が相次いで死に、その喪がまだあけないうちに、夫も亡くなってしまいました。子供がない身ですので夫の家にも居られず、尼にでもなろうと、実家の兄を頼って出かけたときに腹痛に襲われたのです。水を乞うた縁でこのように親切にしていただき、この恩は片時も忘れません」と娘は語ってさめざめと泣いた。

その立ち居振る舞いも何かあるように哀れに思い、太郎作夫婦はねんごろにいたわって、「急ぐ道でなければ今日は留まって治療に専念したらどうか」と言い、洗濯や裁縫などをしていると、娘もかいがいしく手伝った。

その手先は器用で、読み書きも達者で人に勝る様子に、「頼る人もない身のようだが、機会があったら夫婦となって暮らしていく気持ちはないだろうか。もし、そうした気持ちがあるようでしたら、息子の太郎市の嫁になってください。そうしたら家督を今日にでも譲ってしまうつもりです」と語ると、娘は辞退せず、「それほどまでに思っていただける気持ちは、死んでも恩返しできないほどです。浮き草のような身ですので、いかようにも仰せの通り従います」とのこと。

太郎市に娶《めあわ》せ、娘は太郎市と寝屋に入った。いっぽう、太郎作は九つころに妻が隣で夢にうなされているのに気づく。「どうしたのだ」と聞くと、「夢で太郎市が出てきましたが、帷子《かたびら》が引き裂かれたようなとんでもない姿で現れ、『父の太郎作の親は、狩人として遮二無二殺生をし、山賊追剝をしたことから父は一生を貧として過ごす運命に生まれた。ところが、仏道を深く信じて慈悲を行ったので貧が転じて福となった。しかし、前世の怨敵の報いがある。父には福力があるので、祟りを息子の私が受けて鬼が私を取り食らう。自分の身を捨てるのは親への孝行で、これによって今後は家に祟りをなすものはいない』と言いました。あまりに気がかりな夢ですから、太郎市を起こしてみましょう」と伝えた。

太郎作は信じず、「夢は五臓の具合でさまざまに見るものだ」などと言い含めたが、寝ると妻は再び同じ夢を見る。

あまりの不思議に太郎市の寝屋に夫婦で行ったが、襖も戸も堅く閉まっていて開かない。「太郎市」と大声で呼んでも返事もない。心配になり戸建具をこじ開け、戸を打ち破って寝間に駆け入ると、両眼が日月のようで口が耳まで裂けた恐ろしい鬼が振袖を振り乱しており、太郎作夫婦を見ると天井を蹴破って失せた。蚊帳の中には、太郎市が首の骨や手足などをなんとか残した姿で死んでいたということである。

【『御伽百物語』】

『御伽百物語』（国立国会図書館蔵）

第四十六話 婚礼の夜の怪事《こんれいのよのかいじ》

四番町通りに住む一二〇〇石の旗本朽木伝四郎の家では、婚姻があると、その夜必ず怪異が起こるという言い伝えがあり、表立って婚姻の式はしない慣わしになっていた。しかし、伝四郎が文政年間（一八一八〜三〇）に結婚したときは、盛大な式が行われた。怪事が起こらないようにと、魔を祓うためにすべての座敷だけでなく、廊下、縁側、玄関、勝手など家の隅々まで百目蠟燭を灯し連ねて昼よりも明るいほどになり、幽霊や妖怪などが出るような様子ではなかった。宴もたけなわとなり、誰もが怪異が起こるなどという言い伝えを忘れて酔いつくしていた。

やがて、仲人が婿と嫁を誘って床盃の式に移ろうとしたところ、満座の人々の誰もが襟元から陰気が染み透り、水を浴びせられたようにゾッとなるのを感じた瞬間、明々と灯っていた何百もの蠟燭が一度に消えて、家中が一瞬にして真っ暗闇と化した。恐ろしさのあまり念仏を唱える人、脇差を引き寄せたものの漆黒のなかで抜くことができない者、ワナワナと震えるだけの女給仕や子供など、いままでの賑わいは嘘のように座は寂々として、遠くの按摩の笛の音や外の犬の声も聞こえるほどであった。

そのとき、縁側のほうから木の間を漏れる朧月の影のような、草むらの水蒸気のような人影が現れ、障子の紙がサラリサラリと音を立て、人影は奥へと入ってきた。脇差の柄に手をかけていた侍も歯の根があわぬほど怯え、他の者も生きた心地がしないまま、その場から動くことさえできなかった。

そうした人たちのなかを、朧気な人影は行き来し、肩を越えたり膝の上を通り過ぎたりするほどだったが、その人影はまるで煙か雲のようであった。髪の毛と思われるものが襟元や手に触れ、誰もが言葉にならないほどの恐怖を抱くなかで、なおも人影は奥へ行ったり表へ行ったりしていたが、そのたびに髪の毛が障子や戸に触れる音がした。

三〇分ほどして人影が消えると、すべての蠟燭が一度に前よりも明るく灯った。この一件によって言い伝えの正しいことがはっきりとし、代々決して婚姻の式は行わないこととなったという。朽木家には家宝とする片鎌槍があるが、昔、この槍で嫉妬深い妾を突き殺したことから、婚姻があるたびに妾の幽霊が現れるようになり、数代経てもなおこのような怪事が起こるのは恐ろしいことであると、家の古老は語っている。

【『やまと新聞』明治二〇（一八八七）年五月五日】

『やまと新聞』明治20（1887）年5月5日

第四十七話 首の伸びる病

くびののびるやまい

宝暦年間（一七五一～六四）、江戸本石町に財産のある豊かな家があった。この家に一人の娘がいたが、その姿は麗しく化粧をしなくても色白でかわいらしかった。年は一三、四で、馬場某に書を学んでいた。自宅から馬場の家まではわずか数丁だったが、行き帰りに人々の目をひき、少年たちは競ってその姿を見に行った。だが、あえてその名前を言わなかった。

娘の綽名は轆轤首《ろくろくび》だった。轆轤は井戸の上にある回転器である。釣瓶《つるべ》が縄に従って上下するように頭が伸び縮みするので轆轤首というが、漢土では飛頭蛮といわれる。また、昼間は普通だが熟睡すると首が伸びだして、あちこち動くが本人は知らないという。

娘は自分の綽名を恥じて外に出ようとしなくなり、悩んで死のうとさえ思っていたが、たまたま大きな商家の子息が娘の美貌に惚れ、入り婿となることとなった。婚礼も終わり、その夜に横で寝ている娘を見てその美しさに喜んでいると、首が二、三寸伸び、やがて五、六寸になって屏風の上まで来て止まった。驚愕した婿は気絶し、水よ薬よと与えられて正気に戻ったが、家を出てしまった。その後、神田の医師山口某がこの娘のことを聞き、娶ってその病を治療していると依田学海が語った。

著者も轆轤首といわれる尼を見たことがある。轆轤首は美人だといわれているが、この尼は肥っていて不器量だった。

【『夜窓鬼談』】

『夜窓鬼談』

第四十八話 五介の呪い

ごすけののろい

宝暦（一七五一～六四）のころ、山の手辺りに井元才八郎という武士が住んでいた。自分の財産に執着して人に施すことがなく、裕福な暮らしをしており、家作を持ち、土蔵も三ヶ所もあって二〇〇石とは思えないほどだった。長男伊之助、次男織之介、他に三人の娘もいて子供にも恵まれていた。

ある年、奉公人として五介という三〇歳ほどの者を雇った。何を申し付けても意に叶うように取り計らう利発な人物だったが、在所を出奔して宿がない者であった。宿無し人を雇うことはご法度に触れるものの、仕事の出来る人物なので、才八郎は、「どうして出奔し、宿無しとなったか知らないが、暇を出すには惜しい。縁者を頼んで宿をこしらえなさい」と伝えた。五介もその言葉に喜んでいたが、差し当たり頼むところもなくそのままにしていた。

ある日、再び才八郎が宿のことを話すと酒に酔った五介が、「宿、宿とうるさくて仕方がない。宿無しがいけないのならお暇をだしてください。そうすれば門前に倒れているだけです」と不満を口にした。酒の上とはいえ短気な才八郎の癇に障り、「主人が心配しているのに、無礼は許せん」と言うと、「無礼は覚悟のうえ。宿無しなので、斬るも突くもご勝手に」と売り言葉に買い言葉。堪忍袋の緒を切らした才八郎は五介を斬り殺した。

五介を手討ちにしたのは七月二一日。その翌年に生まれた三男伝之助は六つ七つのころより癇癪がひどく、毎月二一日になると家を荒らしまわり、母兄姉の誰かれとなく拳をあげてののしる。それがいつも二一日なので、五介の怨念が祟っているのではと心配したが、才八郎は取り合わずにいた。

『聞書雨夜の友』（東北大学附属図書館蔵）

伝之助が一六になった年の五月二一日、才八郎が受け取った二一両余の金を神棚にあげておくと、伝之助がこれを奪い取ってしまった。これを見た才八郎は伝之助を追ったが、以前に五介を手討ちにした台所の土間に落ち、腰を打って病の床に臥せるようになってしまった。家内の者たちは五介の怨念が消えるようにと施餓鬼をしたりしたが、才八郎は日増しに具合が悪くなり、翌年の六月二一日に息をひきとった。

伝之助は父の末期にも悲しまず、ますます放蕩が激しくなった。長男伊之助も持て余して小座敷に伝之助を押し込めて置くこととした。家督相続も済んだが、伊之助は病身で、次男織之助も才八郎が存命中に石野某の養子となったが病のため勤めができず引きこもった。三人の姉妹もそれぞれ不幸に見舞われた。伊之助は家督を相続後二年で病死したが、病床中に五介が幻のように枕元で睨みつけていたという。

【聞書雨夜の友】

第四十九話 草むらの青気《くさむらのせいき》

吉原に通っていた男が、やむを得ない用事で霧雨がそぼ降る夜中に家に帰ることになった。道中はそこかしこに草が生い茂っており、その一角にさらに草の多い場所があった。

そこを通ると、草中から青色の、火でもない、煙でもない、気のようなものが吹き立った。その幅は二尺くらいで虹のようになびいて、山谷の人里にまるで橋を架けたような様子だった。怪しく思って、その青色の虹のようなものの終わりを見ようと、山谷宿に行って調べてみると、それは一軒の家の窓から中に入っていった。いよいよ怪しく思って中の様子に聞き耳を立てると、男女がむつまじく語りあっているようである。この家の主はもともと日本橋辺りの富貴な身分の者だが、五年ほど前に山谷宿に引っ込んで住んでいた。そして、三年前に女房が死んだということも聞いているほどの知人なので、あらためて訪ねて事の次第を聞いてみようと思い、その夜は帰途についた。

翌日、用事を済ませてからその家に行き、久々の対面ということもあって義理の挨拶をした後に昨夜の不思議な出来事を尋ねると、主は大いに恥らいながら語りだした。

「女房が存命中に常々誓っていたのは、夫婦のどちらかが先立つのは仕方ないが、死んでも魂はここへ通って来ると約束しましょうということでした。その後、女房は患いつき、ついに最期となったときに言い残したのが、『この世の縁は最後となりましたが、誓ったように毎夜通って来ます』ということでした。その言葉通り、毎夜のように死んだ女房が現れましたが、『近所の人たちに見咎められるといけない』と諭すと、『それでは雨の夜や月のない夜だけ通います』と答えた。そして、雨の降る夜に現れて貴方に見られたのです。このうえは亡魂との思いを断つことも仕方ないでしょう」と言った。その方法を聞かれたので蟇目《ひきめ》鳴弦の神法で祓ったところ、再び亡魂が出現することはなかった。

『怪談国土産』

【『怪談国土産』】

第五十話

人相《にんそう》

村松町に住んでいた医師を以前奉公人として使っていた徳介という者が、恩を忘れずに月に一度は妻と二人で顔を出していた。

ある年の一二月二〇日すぎ、徳介が一人でやって来た。医師が何気なく見ると徳介の顔に死相があらわれている。しかし、事が事なので口外できず、「徳介は、これが最後の来訪になるだろう。酒と肴を振舞うように」と妻に伝え、歳暮だといって金一分を徳介に渡した。心のなかでは香典として渡したものだった。往診があるので医師は出かけ、帰ってきて聞くと、「何を振舞ってもいつものようには食べず、一度暇乞いをしたが戻ってきて再び礼を言って帰っていきました。いつになく丁寧な言葉で合点がいかないほどでした」と妻が答えた。医師は、「徳介に死相が出ているのがわかったが、相学では寿は伝えても死相と密夫の相の口外は戒めている。毎年松の内に挨拶に来る男だが、来年一〇日過ぎても来なかったら誰かをつかわすように」と言った。

新年になり、一〇日になっても二〇日になっても徳介は現われなかったが、二月になって、「新年の挨拶が遅れました」と徳介が訪れた。医師夫婦は仰天したが、その相を見ると去年とは違って長寿の相があらわれている。医師は徳介に、「去年来たときは死相があらわれていたが、今は長寿の相があらわれている。不思議なことだ。何か陰徳をなしたのか」と尋ねると、「死相を見破ったのは恐ろしいほどの眼力でございます。実は去年の暮にお伺いしたときは、心の内で暇乞いをしていたのです。五両の借金の返済が迫り、自殺しようと川端に何度も行ったものの、自分が死ぬと妻と娘が路頭に迷うだろうと思いとどまり、家に帰りました。娘は自ら吉原に身を売ることを決心し、家族で泣きながら一五両で吉原の大文字屋に売りました。

その帰り道、中田圃で一人の男に出会いました。不審な様子なので事情を聞くと、本材木町伊勢屋何某という材木商の手代で、『五両の金を集金した帰りに吉原に寄り、気がつくと財布を紛失してしまいました。先ほどからあちこち探しているのですが一向に見つかりません。今朝、店を出るときに主人から

『聞書雨夜の友』（東北大学附属図書館蔵）

酒など飲まないようにと申し渡されたのにそれを守らずにこのような災難。これは主人からの罰、天からの咎めに違いありません』とのこと。身から出た錆とはいえ、金で苦労している自分の身に重ね合わせて気の毒に思い、五両を用立てようと話すが、手代は『ご親切はかたじけなく存じますが、そのような大切な金子を誰とも知らない人から借りることはできません』と強く辞退します。そこで五両の金を手代に投げつけて帰ってきました。

その翌々日、一人の立派な町人が門口に駕籠をつけ、『一昨日の夜、中田圃で手代に五両を用立てて下さったお礼に参りました』と言う。どうして私が五両を渡したのがわかったのですかと聞くと、『手代が吉原の大文字屋に娘を売った人だと言ったので、それを手がかりに探し出しました。金を払ってあなたの娘も大文字屋から連れて戻りました』とのことでした。そして、娘も孝心に感じたその材木商に貰われて行きました」とそれまでの経緯を徳介が説明した。

医師夫婦も感涙し、死相が長寿の相に変わったことを理解したのである。

【『聞書雨夜の友』】

第五十一話 伊達屋敷の河童《だてやしきのかっぱ》

天明元（一七八一）年八月、仙台河岸伊達侯の蔵屋敷において河童を打ち殺して塩漬けにして置いてあるのを目の当たりにした者が語ったといって、その図を松本伊豆守が持ってきたことがあった。

伊達侯の蔵屋敷では、小児などが理由なく入水することがあった。怪しむべきことだと、蔵屋敷の堀の淵を堰きとめて水を抜いて干してしまうと、泥を潜ってまるで風のように速く動き回るものがある。ようやくのこと、鉄砲で撃ちとめたと聞き及んだ。

曲淵甲斐守は、「昔自分は河童の図というものを見たことがあるが、伊豆守が持参した図と同じようなものだった」と言ったという。

【『耳袋』】

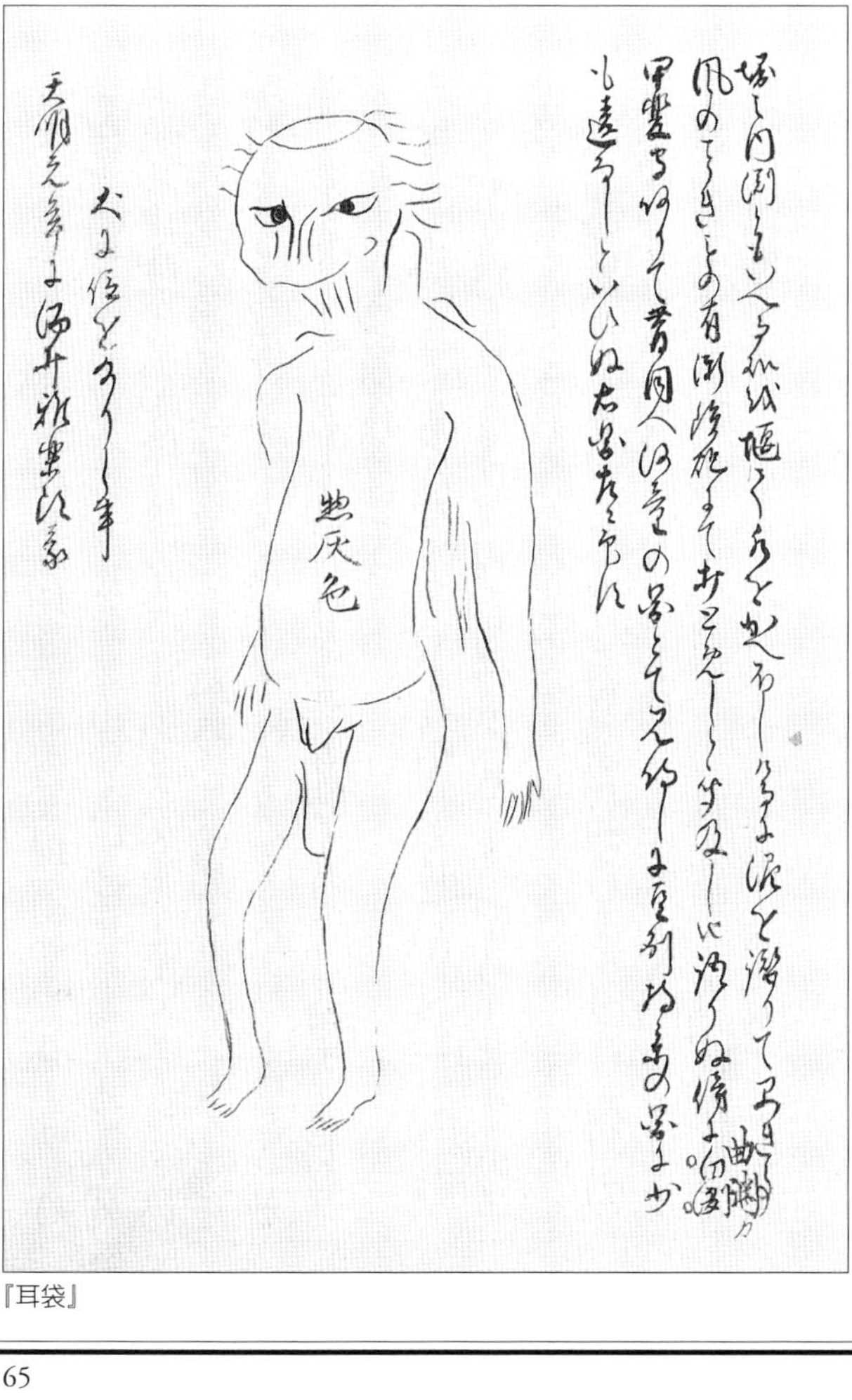

『耳袋』

第五十二話

二人珪子

ふたりけいこ

昔、足利満兼が関東管領のとき、武蔵国足立郡に中臣兵司という郷士がいた。母に孝行を尽くし、容貌も優れ、弓馬にも卓越していた。

同じ郡に鳴井橘治という富豪の郷士があり、多くの田畑を所有し、使用人も二〇〇人を数えるほどだった。鳴井橘治には珪子という一人の娘がいた。美しく、親にも孝行を尽くし、その噂は近国にも伝わり、身分を問わず青年たち誰もがこの娘を慕った。

ある日、鳴井夫婦は娘を伴って観音を安置する庵に出かけた。珪子は庵の庭を歩いていて、小室に休んでいた兵司を見初める。兵司も珪子に心を寄せ、ついには夫婦となることを誓いあった。

珪子の深い思いを知った鳴井夫妻だったが、有力な氏族たちが争って珪子をわが妻に迎え入れようとしていた。

橘治は、「強いて小家の兵司へ嫁がせれば恨みや争いとなる。自分に一計がある」といって氏族を集め、「私の娘は今年で一六になる。あちこちから嫁にとの申し入れがあるが、甲乙つけがたい。そこで天運によって婿を決めたい。弓馬に達した人を集めて、五〇間先から屛風の孔雀の絵の眼を射貫いた人を婿としよう」と告げた。

弓術に達していない者たちは諦め、申し出たのは柳世、首藤と兵司の三人だけとなった。籤で首藤家の一子右衛門が一番目、続いて柳世家の嫡子主馬、最後が兵司となった。首藤右衛門の矢は孔雀の肩に当たった。柳世主馬の矢は孔雀の首毛を射貫き、最後に矢を放った兵司は見事に孔雀の眼を一毫《いちごう》も違わずに射貫いた。

これによって兵司と珪子の結婚は決まったが、そのころの郡司芳賀刑部は兵司を妬んで、なき者にし、珪子を自分の嫁にしようとした。矢を射損じた柳世主馬が芳賀と謀って兵司が謀反を起こそうとしていると流言、兵司は難を避けるために当地を去った。その後、芳賀刑部は橘治に珪子を嫁に迎えることを申し出たが、橘治は珪子は病気だと告げ要求を断った。

兵司は上総国田沼で農夫の家の側の一室で珪子を思いながら、自分の不運を恨んだ。ある日の夕方、戸を閉めようとし

『奇伝新話』（国立国会図書館蔵）

ていると婦人の足音が近づいてくる。それは愛しい珪子の姿だった。訳を聞くと郡司の奸悪を逃れてやってきたとのこと。かくて、二人は一緒に暮らし、地元の人からも厚い信頼を得ていった。そうして一年が過ぎ、兵司の母が訪ねて来た。「郡司芳賀刑部は暴政で死罪となり、柳世主馬も追逐された。私は兵司を伴って帰るためにやってきたのです」と言い、二人を伴って郷里へ戻っていった。

　帰路、鴻巣辺りで地元民を苦しめる柳世主馬を滅ぼして故郷に戻り、鳴井の家へ帰還の旨を告げに行くと、橘治は大いに喜びながらも、「娘はあなたと別れてから病気となり、今では体力も衰えて全快の見込みはない」と涙ながらに語った。驚いた兵司は、「田沼に逃れている自分のもとへやってきて一緒に暮らして一年になり、いま連れ帰りました」と説明すると、橘治は、「どうしてそのような事実無根のことを言うのか。私の娘は先ほど言ったように部屋で臥しているのです」との返事。兵司も怪しく思って、「それなら部屋にいる珪子を見せてください」と願うと、橘治も、「狐狸があなたを惑わしたのかもしれない。娘を見て心を落ち着けなさい」と言われて部屋に入ると、臥しているのは紛れもない珪子。

　二人の珪子を引き合わせれば、どちらが妖怪かがわかると衆議一致し、田沼から連れ帰った珪子を呼んでくると、紛《まご》うことなき珪子。あまりの不思議に言葉もない両親に向かって珪子は、「常々の厳しい教えに背いて、命を待たずに兵司に仕えたことは不孝の限りですが、お慈悲をもって中臣家に嫁ぐことを許してください」と泣きながら訴えた。夫婦は顔を見合わせて途方にくれていると、部屋から出てきたのは臥せていた珪子。二人珪子は毫も違うところがない。やがて二人珪子は互いにすり寄って手を握ると忽然と一体となり、一人の珪子となった。

　一同が怪しみ驚いていると、珪子は、「自分でも二人の姿になってしまったのが恐ろしく、どうしてそうなったのかわかりません。夫婦として暮らしていたのも覚えていますし、部屋で病に臥していたのも覚えています」と告げた。魂が形となって思いを抱く二つの場所に現れたのである。その後、兵司と珪子は祝福されて結婚し、家も栄えた。

【『奇伝新話』】

『奇伝新話』（国立国会図書館蔵）

第五十三話 画美人《がびじん》

藤子華という旗本は、父は高い地位に就いていたが、自分は仕官せずに青山の別邸で女中と従僕を雇い、読書、茶、華など趣味だけに時を過ごしていた。藤子華は書画も好んでいたが、長崎での役目を終えて帰ってきた身内の者が、そこで入手した一人の美人が描かれた画幅を持ってきた。清国人の筆によるもので、緻密な色遣いで美しい容姿に描かれていた。この絵の美人を藤子華は気に入り、部屋に飾って一日中眺めていたが、そのうちに絵の美人は生きているような顔色となっていった。藤子華はこの絵をさらに愛し、枕辺に置いて寝るといったほどであった。彼は画幅の余白に詩を書いた。

「妖艶な二八（一六歳）ほどの美人、顔は李花のようで月のような繊細な眉、朱のような唇、雪よりも白い手、化粧しなくとも香り高く、細い腰に刺繍の着物が垂れ、小さな団扇を持つ姿は悩殺するほどの妙画。誰が描いたのか知らないが、憐れむべきは故郷を離れて遠く海を渡って異国に来たことだ。縁があって私の部屋に一緒にいる。西施《せいし》は五湖に沈み、太真（楊貴妃）は黄鉞《こうえつ》に死す。あなたは紙に描かれているので白髪にもならず、貞節を守り老いず。衰えることも憂うことも病むこともない。恨むらくは衾枕《きんちん》を共にできないことだ」と書き終わって一笑した。

たそがれとなり部屋に清香が満ち、月が朦朧として暖かさに快く独りで座って灯を点じて読書し、夜もふけたころ、美人が飄然として現れ、藤子華の傍らに座った。訝しがる藤子華に、「私はあなたの寵遇をうけてあなたと同じ部屋にいます。いま、あなたの詩に感じて生きた人として現れました」と語った。女性の出自を聞くと、「私の名は小麗といい、父は崔氏。季珪の末裔で代々金陵に住んでいましたが洪賊の乱で父子が離散し、あちこちを流浪し、ついに娼家に売られてしまいました。一画工が私を描き、転々として日本に来ました」。この話を聞いた藤子華は小麗を憐れみ、再び詩をつくると小麗は喜び詩を返した。

しかし、気づくとこれらの出来事は夢で、画幅は壁にいつもの通り掛かっていた。その後、しばしば夢を見たが半年ほどして夢に出た小麗が泣きながら、「久しく恩を受けましたがお別れが忍びがたく現れました。しかし、もう縁は尽きました。別れなければなりません」と語った。藤子華は悲しんで何故かと問うと、「明日わかります」と答えた。

翌日、仲人が結婚話を持ち込んだ。これに応じないでいたが、母が再びすすめるので藤子華は結婚を決意すると、画幅の小麗は生気を失っていった。新婦は小麗に似た、絵よりも優れた人であった。

【『夜窓鬼談』】

『夜窓鬼談』

第五十四話 正夢《まさゆめ》

東都芝口に吉嶋屋市兵衛という瀬戸物屋がいた。名古屋生まれで、才知があり、文学や遊芸など広い趣味を持った面白い人物だった。

この市兵衛が次のように語ったことがある。

「私は不思議なことや奇怪なことの多くは間違いや嘘であって、本当に不思議なことはざらにはなく、人々が本当に奇怪なことだといっても人より疑い深く、なかなか信じることはありませんでした。そんな私でも合点のいかない不思議な出来事を体験したことがありました。

一二、三年前の天保初めのことです。鉄砲洲に紀伊国屋久兵衛という紀伊の国の船問屋があって、あるとき久兵衛が、『昨夜、私は妙な夢を見ました。富士の山上より麓まで一本の縄が張ってあり、鷹が富札を一枚摑んで来てその縄に引っ掛けました。妙なことだと思ってその富札を見ると何十何番とたしかに書いてある。変な夢もあるものだと思いました』と居合わせた人々に話しました。その場に居合わせた船問屋長嶋屋の手代の者が、『それは吉兆です。急いで夢で見た番号の富札を求めましょう』と勧めましたが、久兵衛はそんなことを信じませんでした。

『想山著聞奇集』（国立国会図書館蔵）

そこで富札の好きな手代は、『それなら私がその番号の富札を探して購入します』と言って知人を誘って江戸中隅々まで探したものの、その番号の富札を見つけることはできませんでした。

仕方なく、一番違いの富札を入手して籤の日を待っていたところ、なんと夢の中に出てきた番号の札が一〇〇両の第一番当り籤となったのです。手代の買った富札も一番違いということで五両の当選となりました。まことに不思議なことです」

昔、栗田の大臣在衡公がまだ六位のとき、鞍馬寺に籠もっていると、御帳の内より「右大臣従二位在衡」と書かれた笏を賜った夢を見て、実際に右大臣となったことなどがある。こうしたことと同じように、市兵衛が直接体験した出来事は実に奇怪なことといえよう。

【『想山著聞奇集』】

第五十五話 山本家の怪談

やまもとけのかいだん

裏二番町に山本数馬という旗本が住んでいた。この家では家督相続した日の夜に必ず一大怪異が起こる。ほとんど命さえ失うほどの難事に出遭うということで、隠居するときには家督を相続する者にそのことを言い聞かせて心得させている。しかし、その怪事については漏らすことを堅く禁じられているので、家の者でも主人以外は誰もどのような不思議なのか知らず、人々には「山本家の怪談」とだけ伝わっていた。

山本家に仕えている林金助という者の話によると、山本家の四、五代前の当主の妻に子供ができないことを憂いて支度金一〇〇両を出してお玉という美しい妾を家に入れた。しかし、お玉はもともと主人に嫌われて家を出されることで支度金の取り得を企んでいた女だった。お玉を数馬に斡旋したのも、そうしたことを請け負って金を儲ける請宿《うけやど》の連中だった。お玉は数馬に嫌われて早く追い出されようと必死でさまざまなことを試みたが、数馬はどれも柳に風。

お玉がなかなか追い出されないのに業を煮やした請宿の男は、お玉と謀って夜にそっと逃げ出させることにした。逃亡決行の夜、お玉は迎えに来た男と逃げようとしたが、物音に気づいた数馬が不審者と思って槍で二人を刺し殺した。見てみると一人はお玉でもう一人はお玉の兄といっていた男。

賊の侵入ということで届出は済んだが、その後二人の怨霊が家にとどまり、家督相続のときに怪事を起こすとのことである。しかし、お玉の事件の前から山本家には怪事が起こるという人もあって真相は定かでなく、怪事は何たるかがわからないままに「山本家の怪談」として伝えられているのである。

【『やまと新聞』明治二〇（一八八七）年五月三・四日】

『やまと新聞』明治20（1887）年5月4日

第五十六話 鬼児《おにご》

江戸神田に毎夜街頭に出て蕎麦を売る甚兵という者がいた。酒好きで貧乏なうえに妻を早くに亡くした五十過ぎの男だったが、一人娘は容姿端麗で父の言うことをよく聞く立派な女性だった。父の借金が嵩み、花街に身を沈めて窮状を救おうとしたが、甚兵も娘の気持ちを察して娘を売ることには躊躇していた。しかし、病気になり、やむを得ず五〇両で吉原の某楼に売った。

その金を持っての帰途、蔵前を過ぎた辺りで冷たい風に酒が飲みたくなり酒屋に入った。その酒屋は以前からの顔見知りで、店主は甚兵が貧乏なため多く飲ませなかったが、娘を売って来た金があるとの甚兵の話を哀れみ、酒を増やした。酔って店を出た甚兵は雪に足を取られて、履物をなくした。いっぽう、閉店しようとしていた酒屋の妻が大金の入った財布を見つける。甚兵が忘れた財布である。

しばらくすると甚兵が戻ってきて財布を置き忘れていないかとのこと。酒屋の妻は財布を隠して、酔って路上で失くしたのだろうと甚兵に言った。雪のなかあちこち探したが財布は見つからず、悲運を嘆いて甚兵は入水自殺して果てた。酒屋の妻は夫に財布のことを話すと、夫も多年の苦しい生活から抜け出す機会を天が与えてくれたなどと自分勝手な言い訳をして、その金で借金を返済し、身代を興して裕福となっていった。

夫婦には子供がなかったが神仏に祈り、妻が四〇を過ぎてから子供を授かった。その子は三月ほどで歯がすべて生え、髪や顔のしわなど甚兵にそっくりだった。この子は乱暴で、器物や襖などを壊し、店の帳簿を墨で塗りつぶして読めなくするなどして夫婦を悩ました。

ある日、妻が裁縫をしていると、子供がぼろのなかから甚兵の財布を見つけ、喜んでこれを持ち遊び、母に五〇両の金があるので美しい着物を買いなさいと言った。驚いた妻がこのことを夫に伝えると、夫は子供を叱ったが、子供は大声で叫び、凶暴になって止めることができなかった。やむを得ず子供の手足を縛っておくと火のように発熱し、医者もどうすることもできない。泣き叫ぶ声は近隣に響き渡り、誰もが寝られないほどであった。

『夜窓鬼談』

夜半に大声を上げた子供の頭には角が生え、口は大きく、眼は丸くなり、まるで夜叉のような姿となった。驚いた妻の声に部屋に入ってきた夫が子供を殺そうとすると、子供は縛られた縄を解いて妻の膝に上がって乳に噛み付いた。これを振りほどいた夫に向かって、「汝、金を盗んだのを忘れたか。ここで咽を噛んで殺してやる」と叫ぶ。これを聞いた夫は傍らにあった分銅《ふんどう》で力まかせに撲り、子供は息絶えた。

それを密かに埋葬したが、妻の傷は治らず、毎夜熱を発して、「甚兵が来た、甚兵が私を悩ます」などと叫んだ。夫が蠟燭を照らしても何も見えなかったが、ただ一塊の鬼火が窓から出て行った。病んで半年後、妻は苦しみながら死に、家運も衰えて盗難にもあい、ついには家を手放すことになったとのことである。

【『夜窓鬼談』】

第五十七話

道灌山の狸《どうかんやまのたぬき》

道灌山に老狸が棲んでいて、行き交う人をしばしば化かしては喜んでいた。この山下に弥次という滑稽で多芸の者が住んでいた。

芝居を好んでいたが、ある日隣村の祭りに呼ばれて大江山の酒顛童子に扮した帰り道、夜も更けてきたので山を通る人を驚かそうと、夜叉の仮面をつけて二本の刀を差して歩いていると、三つ目の老僧が現れた。弥次は老狸が化けたものと思い、不動の姿勢で道に立っていると老僧はしげしげと弥次と見て、「汝はいかなる怪なのだ」と問うてきた。弥次は、「我は獺《かわうそ》の怪である。たまたま某村の祭りを見て帰ろうとしているところだ」と答えると、老僧は大いに笑って、「汝も同類のものか。我は、汝のことを知らなかった。親友となろう。幸いに酒があるので飲もう。我についてこい」と言う。

弥次は快諾して老僧と山中に入ると、酒宴の場所は白露でぬれている。すると老僧はたちまち八席ほどの敷物を敷いた。この敷物はとても暖かくて心地よいので、「これは何なのだ」と尋ねると、老僧は笑いながら、「これは私の陰嚢だ。賓客でなければ広げない」と答えた。弥次が敷物に座り酒盛りが始まると、髪を振り乱した蒼い顔をした妖婦が肴を提げてやってきた。「これは何者か」と問うと、「貂の怪だ」とのこと。さらに痩顔で手足が糸のように骨ばっているものが来たので再び問うと、鷺の怪とのことだった。その他に桶のような巨頭、蟹のような目のもの、口が耳まで裂けたもの、舌が臍に達するほど長いものなど十余種が集まってドンチャン騒ぎが繰り広げられ、弥次も舞を披露して喝采を浴びた。

この宴席中に弥次は密かに、「狸の陰嚢は八畳敷と聞いていたが嘘じゃなかった。この陰嚢の敷物を持ち帰れば天下に二つとない宝物となろう。千金もの大金を得ることも可能だ」と思い巡らせて、老狸の傍らに座って突然刀を抜くと老狸を切り殺した。そして、仮面をとって「我は人である。汝等が夜な夜な人を惑わす罪は深く赦せない所業だ。ゆえに将軍の命を拝して天にかわって汝等を退治する」と大声で叫ぶと妖怪らは散り散りとなって逃げていった。

すでに夜も白々と明けてきたので、弥次は老狸の陰嚢を持ち帰って山を下りた。家でこれを開くと八畳に余るほどの大きさで弥次は大いに喜んだが、この噂は広がり、三〇〇金で買いたいという者がいたが売らず、ある貴族が八〇〇金での譲渡を願い出たものの一〇〇〇金でなければと譲らなかった。そうこうしている間

『夜窓鬼談』

に秋となり、雨が続いて冷気が日増しに強まって来るころ、陰嚢が日々大きくなり、弥次のついには一室に溢れるほどとなり座るところもなくなるほどとなった。村の老医者に見てもらうとこのような事例は知らないとのことだったが、陰嚢に疝気が入ったのだろうとのこと。弥次は千金を得ずして陰嚢に疝気が入る運命だったのである。

【『夜窓鬼談』】

第五十八話
月見団子《つきみだんご》

六番町通りに知行高八○○石の城孫三郎という旗本がいた。この家では団子をつくることを固く禁じていた。その裏にはなんとも不思議な出来事があったのである。江戸時代には八月十五夜と九月の十三夜には団子をつくって供える習慣があったが、城家でも十五夜と十三夜には盛大に団子づくりをしていた。あるとき、十五夜の団子をつくっていると、六○歳くらいの婆が団子づくりに励んでいる。この婆を奥の者は奉公人の知り合いで手伝っているのだろうと思い、奉公人たちは奥が頼んで手伝いに来てもらっているのだろうと思い込んでいた。

作業が終わり、奥と奉公人が話し合って初めて誰も知らない婆であること気づいたものの、すでに婆の姿はなく、これといった不審な様子もないのでそのままにしておいた。十三夜にもいつの間にか婆がいて、以前と同様、かいがいしく団子づくりに励んでいるではないか。びっくりした奉公人の男が、「おい、婆さん、お前は誰に頼まれてどこから来たのだ」と問いかけても知らぬ顔で団子を丸めている。間近に寄って大声で問いただしても平気で手を止めない。

とうとう男は婆の腕を引っ張って家の外に追い出し、やれやれと戻ってみると婆はさっきと同じように団子を丸めている。もしかして別の婆かと顔を覗き込むと、ニッコリ笑って長い舌を出したので驚いて中小姓部屋に飛んで行って事情を話した。狐狸の悪ふざけ

『やまと新聞』明治20（1887）年4月30日

ではないかと、中小姓たちが婆のもとに行って台所から押し出して外に追い払い、門を固めてから戻ってみると、台所の板の間で団子をつくる婆の姿。

「男の言ったことは本当だ」とギョッとした若侍たちは婆の腕を強引に引っ張って外に出そうとすると、なんということか婆の腕は飴のように伸びて、その長さは三間にもなった。さらに引くと一〇間にも一五間にもなって煙管《きせる》ほどの細さに。恐ろしくなって腕を離すとまるでゴムひものように腕はもとに戻る。

想像を絶する怪異に、直ちに団子づくりを中止すると婆の姿はいつのまにかなくなり、時を置いて試しに団子をつくり出すとまた婆が現れる。しかし、別段何の害を加えるわけでもない。城家ではさまざまな祈禱を行ったが効き目はなく、ついには決して団子をつくらないようにと言い伝えるようになったのである。

時代が下ってこの家訓を信じずに子孫が団子をつくると果たして婆が出現、言い伝えの正しさが証明されるといった具合だが、どうしてこんな不思議なことがあるのか一大不思議というほかない出来事である。

【『やまと新聞』明治二〇（一八八七）年四月三〇日】

第五十九話 龍の玉

「りゅうのたま」

市谷柳町の続きに根来という所がある。そこに根来山報恩寺という真言宗の寺があるが、この寺には龍の玉といわれる什宝が伝えられている。

この寺の僧英珊に聞いたところ、この玉は雲気《うんき》立つ日には湿気を生じ、雨天にはしっぽりと湿り、大きさも成長しているとのことだ。

これは龍の玉ではなく龍の卵に相違なく、迅雷風雨の日に孵るものである。そのときは殿堂も崩し、大木も倒すので人気のない深山に捨てたほうがよいと教えると、この卵はすでに死んでいるとのこと。どうしてかと尋ねると、英珊が小僧のころの三〇年前ほど前には少し曇りの日でも湿気を持ち、玉の光沢も良かったが、そのうちいつともなく湿気を出さなくなり、成長しなくなったという。

その後、天保八（一八三七）年にその龍の玉というものを見せてもらったとき図に写し取った。色は青に少し藍鼠の色を帯びている。

同寺には雷の玉といわれるものもあるが、これは大雷のときに早稲田辺りに落ちてきたもので、何とも見たことのない玉で曇白色に薄藍鼠色を帯び、光沢はあるが瑪瑙《めのう》ほどではない。雷の落ちたあとには雷斧、雷刀、雷珠などといわれるものがあったりするが、この雷の玉は雷珠の類なのであろう。

【『想山著聞奇集』】

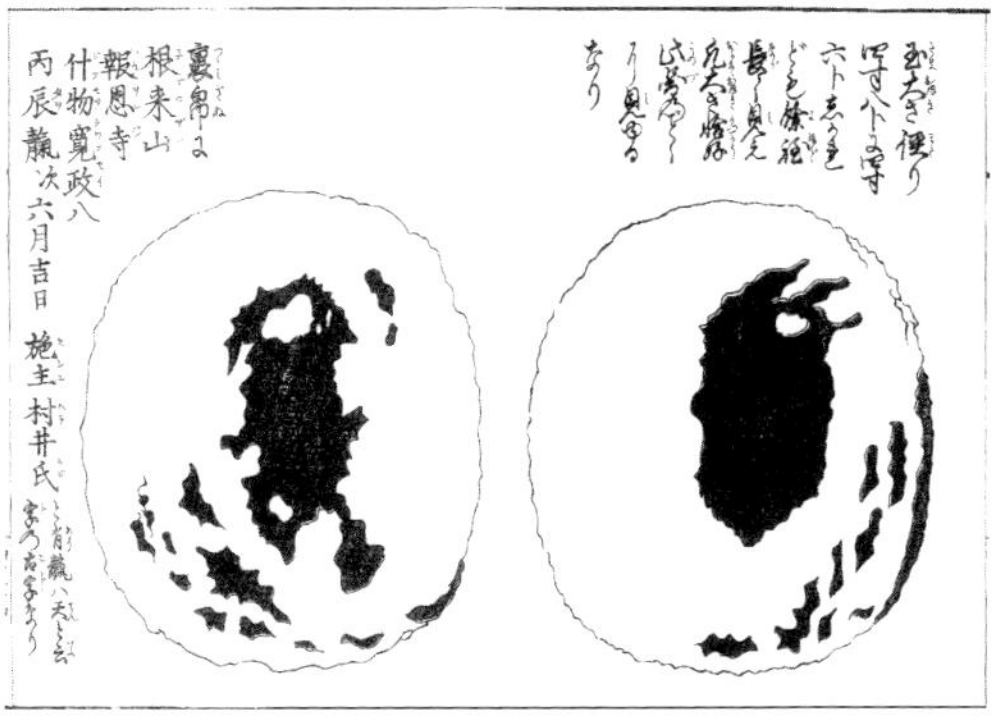
『想山著聞奇集』龍の玉（国立国会図書館蔵）

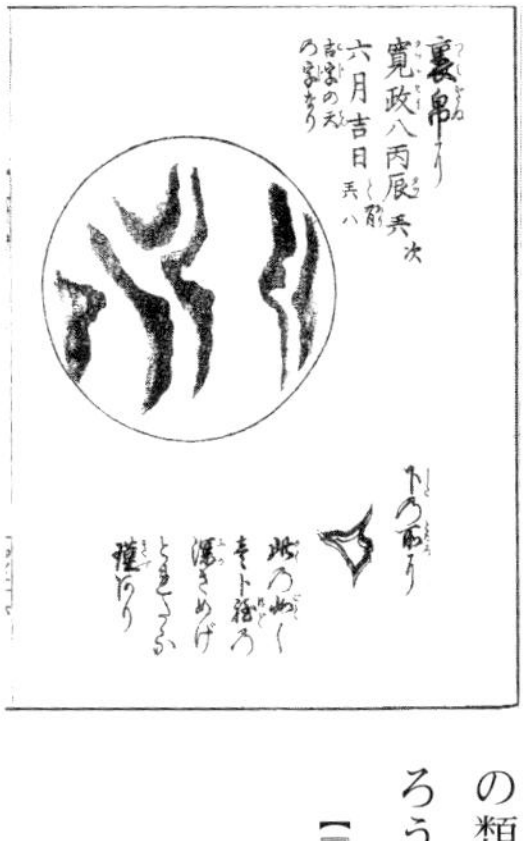
『想山著聞奇集』雷の玉（国立国会図書館蔵）

第六十話

吉兵衛の絵《きちべえのえ》

『御伽百物語』（国立国会図書館蔵）

世に名画といわれるものは、神に通じて妙をあらわすということが和漢の記録にあって、妙を得た人が描いた絵は花鳥人物は紙や絹を離れてさまざまの態をなすという。武州江戸村松町に住む菱川吉兵衛は草木鳥獣は心を動かすに足らないといって人物を描いたが、その絵は見る人の心を惹き、なんとか吉兵衛の絵を入手しようと手を尽くす人も多かった。

京都室町に住む書生の篤敬は講談に通う道で一四、五の美しい女性を描いた衝立を買い求めた。描かれた女性の美しさに恋をした篤敬は病みつくほどとなったが、それを伝え聞いた人が、「この絵は菱川が心を尽くして女性の姿を描きとめたもので、描かれた人の魂が移っている。だから念じれば必ず絵から人が現れる」と言った。これに喜んだ篤敬は言われた通り日々念ずると本当に絵から女性が現れた。その立居振舞は類ないほどすばらしく、篤敬は末永く縁を結んだという。

【『御伽百物語』】

怪異百物語

明治編

第六十一話
石が降る《いしがふる》

元大工町で道具屋を営む中沢繁次郎の家を突然変事が襲ったのは、明治九（一八七六）年三月一〇日のことである。それも正午ごろというから真昼間の出来事だ。何の前触れもなく家のなかに突然小石が降ってきて、それがなんと一時間ほども続いた。

繁次郎はこの怪異に驚いたものの、病に臥せる父に心配をかけたくないという気遣いと、世間に知られたくないという気持ちから話題にすることを避けて、降った石を神棚にあげて神酒やご馳走を供え、怪異の鎮まるのを願った。妻も神棚に祈ったところ、神棚の石がいつの間にか消えてなくなった。

不思議に思っていると、前よりも烈しく石が降り出した。狸の仕業と思った繁次郎は、脇差を振り回して見えぬ敵を威嚇したものの、石は降り止むことがなかった。それどころか、この日を契機として毎日同じ時間に石が降るという現象が続いた。

事を隠していた繁次郎も、さすがに手に負えなくなって警察に届け出たところ、様子を調べるために巡査が家を訪れた。そして、その巡査の眼前でも石が降る怪異は起こったのである。

こうなるとあっという間に噂は近所に広まり、繁次郎の家の門口には黒山の人だかりができ、家の中では狸を追い出そうと、唐辛子を燻したてるという騒ぎが繰り広げられた。

そんななか、一人の人力車夫が尋ねて来て、「私は浅草北富坂町に住む小林長永という者だが、江戸橋で客待ちをしていて噂を聞いたのでやって来ました。これは狐狸の仕業に相違ないから、私が祈禱してあげましょう。もし私の祈禱でも解決しないようでしたら、浅草西鳥越の禊所の先生を紹介しましょう」と申し出た。繁次郎は喜んでこの申し出に同意し、一四日から祈禱が始まるということである。

こうした、石が降ってくるという話は各地に伝わっている。この現象を山間部では天狗が投げた礫《つぶて》、都市では狐狸の悪行としていることが多い。どうも同じ怪異現象でも地域によって犯人は違っているようだ。

【『東京絵入新聞』明治九（一八七六）年三月一四日】

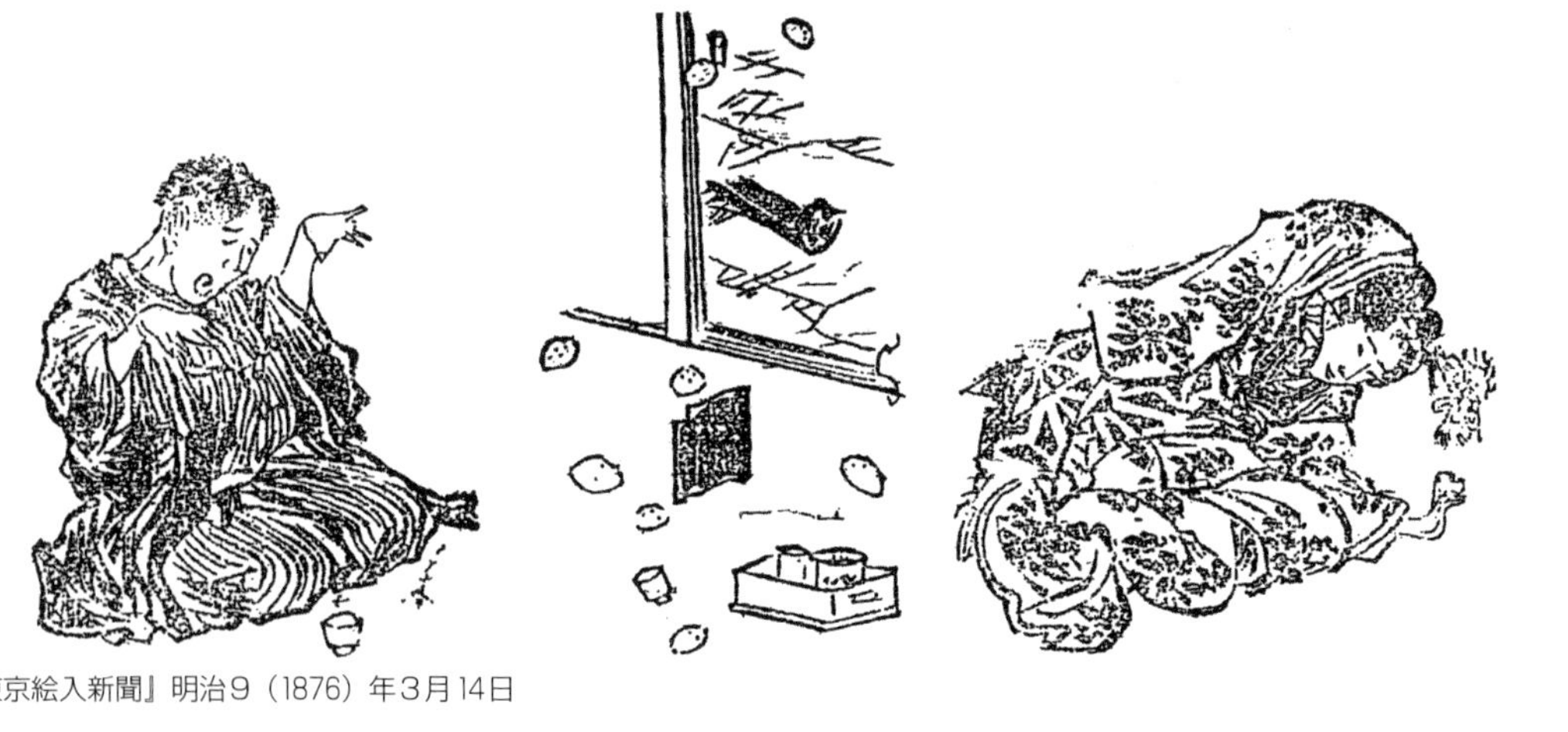

『東京絵入新聞』明治9（1876）年3月14日

【第六十二話】狸の腹鼓

たぬきのはらつづみ

縁の下で腹鼓を打つ狸。こんな面白い出来事が話題となったことがある。所は本石町の髪結いさんの家である。明治八（一八七五）年一一月のある日、犬にでも追われたのだろうか、一匹の狸が裏口から家に飛び込んできた。慈悲深い髪結いさんはこの狸を縁の下へ逃がした。

その夜、一〇歳になるその子供が火鉢の縁をたたいていると、縁の下の狸も拍子を合わせて腹鼓を打ち出したではないか。これは面白いと、髪結いさんは近所の人たちを呼んで皆で縁の下から聞こえる腹鼓を聞いていると、狸は調子に乗ってきたらしく、夜更けまで腹をたたき続けた。髪結いさんの亭主が寝られず、「やかましい」と怒鳴ると、狸はなおさら大きな音を立てるといった具合で、いささか困り果て、「狸どん、皆が寝るのだから静かにしておくれ」と髪結いさんがやさしく頼むと腹鼓はピタリと止んだ。その翌日は、昼過ぎから腹鼓を打ち出したので聞きに来る人が大勢いたという。

ちなみに、明治一五年七月二八日の『朝野新聞』には、遠く田圃の向こうから聞こえてくる鼓の音色にあわせて三味線の師匠が弟子とともに三味線を弾くと、さらに鼓は興に乗って勢いを増して、しばらくのあいだ鼓と三味線のジャムセッションが繰り広げられたが、明け方近くに鼓が止んだ。朝になり、五～六町ほど隔てた藍畑に古狸が死んでいるのを水車番が見つけた。その古狸は口から血を流し、腹の毛は抜けてあたりに散乱していたという記事が載っている。京都愛宕郡でのことだ。

いっぽう、明治一七年五月二八日の『郵便報知新聞』には、写真師清水東谷《とうこく》の妻が飼っていた子狸は、夜中になると腹鼓の練習をしているような音がする。どんな様子かと覗くと、子狸は四足を開いてうつ伏せとなり、鼻を畳に押し付けて呼吸し、鼓や笛の音を出していたという東谷本人の目撃談が伝えられている。狸の腹鼓の話は尽きることがないようだ。

【『東京平仮名絵入新聞』明治八（一八七五）年一一月二七日ほか】

『東京平仮名絵入新聞』明治8（1875）年11月27日

第六十三話 迷子に化けた狐《まいごにばけたきつね》

明治一八（一八八五）年二月一二日夜のことである。南葛飾郡猿又村の藤井久作は日本橋での用事を終えた帰路、向島堤通の三囲《みめぐり》あたりまで来ると、八歳くらいの女の子がシクシク泣いているのに出くわした。

迷子だろうかと事情を聞いてみると、女の子は久作と同じ村に住む山田某の娘お綱といい、「母と一緒にここまで来て、三囲様に御参りするので待っていろといわれたが、いくら待っても母が帰って来ない」とのことだった。気の毒に思った久作は三囲神社の境内をあちこち探したが、お綱の母は見つからなかった。

仕方なく家まで送ろうとお綱の手を引いて帰る途中、いつの間にかお綱を見失ってしまった。びっくりして探したもののお綱の姿はなく、村に帰ると山田某の家に立ち寄り三囲であったことを伝えたところ、同家の誰もが不審な顔をして、「今日は私のところでは女房も娘もどこへも出かけませんでしたので、迷子になるというようなことは一切ありません」と言う。わけがわからなくなったのが久作である。迷子の子に遭遇し、その子の口から山田某の娘だと聞いたのは紛れもない事実なのだ。

しかし、日本橋からの帰り道で夜食の残りのてんぷらを竹の皮に包んで提げていた、そのてんぷらがいつのまにかなくなっていることにハタと気がついた久作は、「もしかしたらこれは狐がてんぷらをせしめようとして、迷子に化けて自分をつまんだのだろうか」と思い、ゾッとして急いでわが家に引き返したという。三囲神社にまつわる狐の話は少なくないが、これもそうしたうちの一つ。

【『東京絵入新聞』明治一八（一八八五）年二月一四日】

『東京絵入新聞』明治18（1885）年3月14日

『しん板　狐にばかされ』
狐に化かされた人たちを描く。

第六十四話 乗円寺の怪《じょうえんじのかい》

府下石浜の村外れにすむ千葉助作という百姓は、先祖は千葉助常胤《ちばのすけつねたね》だなどと言って、月星の紋を付けて毎日総泉寺に墓参するちょっと足りない男である。

最近流行の無尽《むじん》の札を買って、人の話を真に受けて山谷の乗円寺鬼坊主の墓に参り、当たり籤を願って夜中の一二時過ぎまで一心不乱に題目を唱えていた。真っ暗ななか、そぼ降る雨、柳は風にそよぎ、千住の火葬の腥《なまぐさ》い臭いが鼻につき、浅草の鐘も陰にこもってお化けが出るにはお誂え向き。急に雨が勢いよく降り出したかと思うと、一団の鬼火が卒塔婆や石塔を照らし出し、物音が辺りに響いた。

顔を伏せた助作がこわごわ頭をもたげて周りを見ると、なんとしたことだろうか、四斗樽ほどもあろうかという女の生首がころころと転がり、助作目がけて真っ赤な舌でペロリとなめようとしている。普通の人なら肝をつぶすのだろうが、間抜けの助作は一心不乱に拝んだ自分の願いが届いて仏が姿を現したものと思い込み、ひれ伏して拝んだ。だが、よくよく見れば女の生首で、鬼坊主様ではないと初めて気づき、ワッと叫んでその場に気絶してしまった。

その声に寺の者たちが手に手に棒を握り締めて庭に下りてみると、そこには気絶した助作。あわてて水よ薬よと介抱したところ、ようやく息を吹き返した助作が事の次第を語って何が起こったのかを知った一同曰く、「無尽に当たりたいという心の迷いから狐にでもつままれたのだろう」。

【『かなよみ』明治一〇（一八七七）年七月七日】

『かなよみ』明治10（1877）年7月7日

【第六十五話】

兵士の帰還《へいしのきかん》

斉藤某は元浜松県の士族だった。先に陸軍で出征し、明治七（一八七四）年一一月五日に台湾から当地で病死したとの知らせがあった。小川町に住む義兄の小林某もそれを知って非常に悲しんだ。

八日の夕方小林某が酒と肴を用意して独酌していると、そこに現れたのが死んだはずの斉藤某。にっこりと笑って「兄さん、帰りました」という姿は疑うべくもない本人である。小林某も喜んで、「無事でよかった。難儀なことだったろう。まずはお座りなさい」と言うと、「大変苦労しましたが何はともあれ、兄さん一盃下さい」と身を屈めた。

そのとき、小林某はなんとも言えないゾッとした気持ちになり、「アッ」と叫んで駆け出して向かいにある斉藤某の実家に飛び込み、今見たことを告げた。そこで斉藤某の父母も一緒に小林の家に行ってみると、どこを探しても影さえなかった。

【『東京日々新聞』第八五一号錦絵新聞】

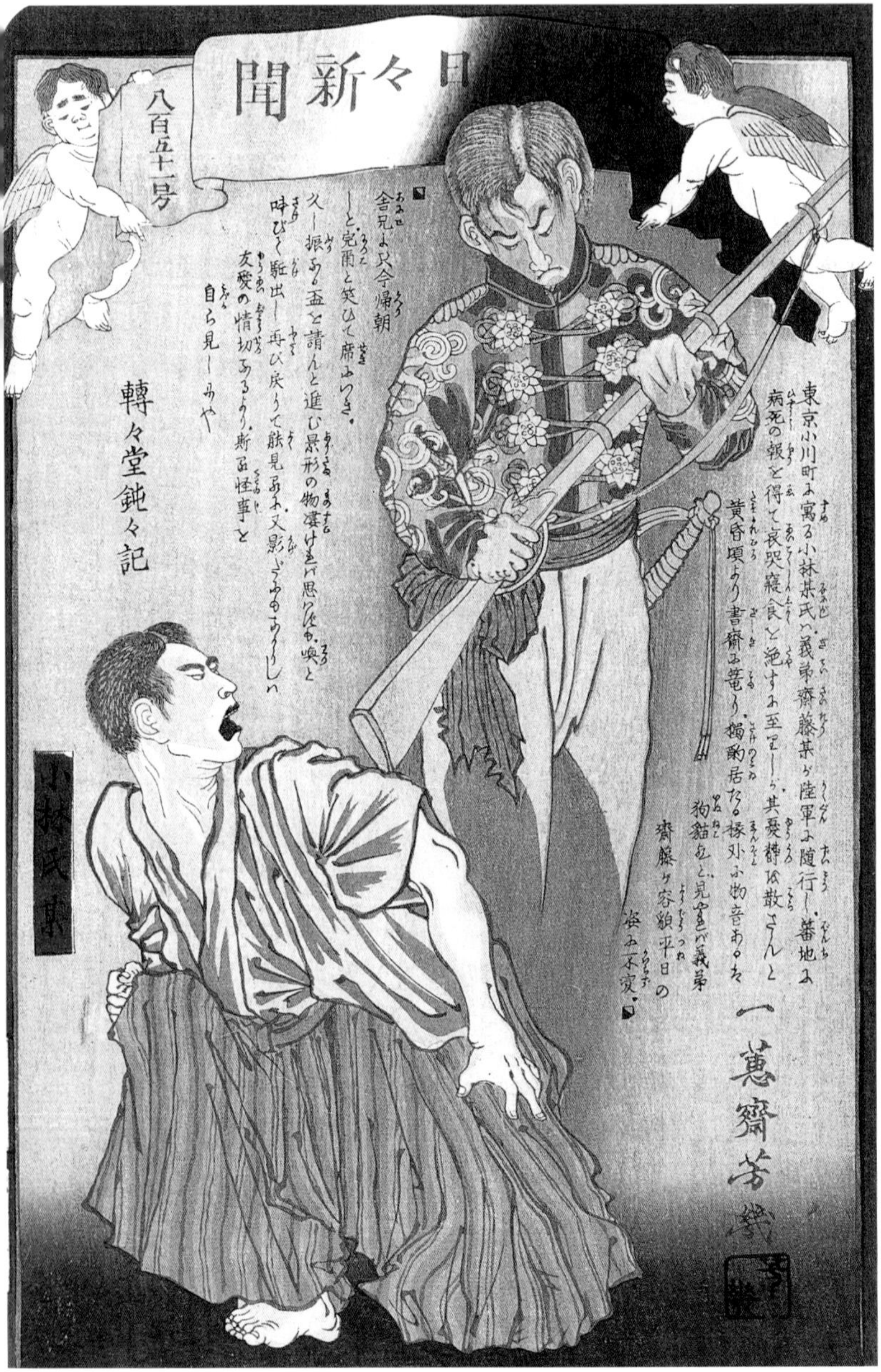

『東京日々新聞』第851号錦絵新聞

第六十六話 怨みの病気《うらみのびょうき》

『大阪錦画日々新聞紙』第16号錦絵新聞

浅草並木町に蝶屋という古い菓子屋があったが、次第に金繰りが悪くなっていった。蝶屋の向かいで天麩羅や茶漬けを商う伊勢屋は繁盛して金もたまり、金貸しをして蝶屋も家を抵当として金を借りた。しかし、返済できずに蝶屋は伊勢屋のものとなり、伊勢屋はそこを蕎麦屋に変え、この店も繁盛した。

いっぽうの蝶屋の主人は病の床につき、伊勢屋に家屋を取られたことを恨みながら死んでいった。

伊勢屋の主人もそうしたことを聞き及び、気の毒にも病気となってしまった。病に臥していると、浅草寺の鐘が二時を打つころ誰かが胸の上に乗って喉をしめつける。「苦しい、堪忍してくれ」という叫びが毎夜繰り返されるので、最近では大勢集まって加持祈禱や念仏をして看病しているというが、神経病なのだろうか。

【『大阪錦画日々新聞紙』第一六号錦絵新聞】

【第六十七話】

狸と白蛇《たぬきとしろへび》

谷中天王寺門前で床屋を営む堀越順蔵は鳥好きで、大小さまざまな鳥を飼っていたが、最近になって毎日のように鳥がいなくなる。誰かが盗んでいくに違いないと思って様子を窺っていたものの、不審者は現れない。これはきっと犬猫の仕業だ。気をつけて鳥を食うところを見たら撃ち殺してしまおう。

そんな思いでいたある日、順蔵の夢枕に二〇歳にも満たないくらいの女官が現れ、「わらわは数百年前より谷中天王寺境内の五重塔に棲む白蛇だが、多くの子孫もあり、いずれも寺内を守護しているものである。しかし、最近になって道灌山に棲む一匹の大狸が棲家を天王寺に変え、我が眷属《けんぞく》の小蛇を食らい、ついにはわらわまでも食らわんとしている。もとより、数百年をこの地に棲んでいるので、大狸といっても恐るるには足りないが、このままでは子孫眷属《けんぞく》がことごとく食い殺されてしまう。そればかりか、鳥を奪った狸の悪行で、何の科《とが》もない犬猫までもが疑われている。だから夢のなかに現れてその事実を告げたのだ。人間の力で大狸を退治してもらいたい。わらわの言うことを疑うようなら、明日にでも天王寺の墓所を探せば盗まれた鳥の痕跡を見ることができよう。ゆめゆめ疑わず、急ぎ悪狸を退治することを頼む」と言ったかと思うと、目が覚めた。

あまりにも奇異な夢なので、翌朝早速天王寺の境内を調べると、果たして食い散らされた鳥の羽や骨が辺りに散乱していた。これで夢のお告げを確信した順蔵は近日中に白蛇の怨みを晴らし、鳥たちの仇をうつために近隣の若者を集めて狸征伐に出かけるということである。

【『開花新聞』明治一六（一八八三）年五月五日】

『開花新聞』明治16（1883）年5月5日

第六十八話 唸り水瓶《うなりみずがめ》

明治一〇（一八七七）年一一月三〇日午後五時ごろ、怪異は突然起こった。所は下町の深川大島町。ここで酢製造を営む小沢喜助の店先にある水瓶が何の前触れもなく唸りだしたのである。その音の大きさは一町四方にも聞こえるほどで、店の者や近所の人たちは不思議がり、駆けつけて耳を傾ける者もあれば薄気味悪いといって飛び退く人もいるなど、大騒ぎとなった。水瓶にはなみなみと水を汲みこんでいたので店の者が蓋を取ってみると瓶の水は響きにつれて波打っていたが、わずかな時間で音は鳴り止んだ。この怪事に小沢の家では吉事の知らせか、凶事の前触れかと富岡八幡でお御籤をひくなどいろいろと心配しているとのことである。

こうした水瓶や釜が鳴るという現象は数多く伝えられている。明治二七年六月八日の『新愛知』には岐阜県土岐郡鶴里村での釜鳴りの様子が掲載されている。鍛冶職人井野久治の家の竈に掛けてあった蓋無しの釜が突然鳴り出し、驚いた家人が蓋をかぶせても鳴り止まず、汽車の発するようなその音は一町四方に轟き渡ったという。吉事か凶事かを心配していた久治に古老が釜鳴りは吉兆だと教示し、喜んで神前に餅を供えて祝宴をあげたということだ。

いっぽう、牛込神楽坂上の毘沙門境内では法螺《ほら》の音を発する奇石が縦覧されたことがある。この石は真田幸村が陣中で使用したといわれるものといわれる。

【『東京絵入新聞』明治一〇（一八七七）年一二月五日ほか】

『読売新聞』明治42（1909）年6月23日
法螺の音を発する石。

『東京絵入新聞』明治10（1877）年12月5日

コ・ラ・ム

明治百物語《めいじひゃくものがたり》

明治四一（一九〇八）年七月一三日の『読売新聞』に、向島の有馬温泉で開催された化物会の様子が掲載されている。それによると、七月一一日午前一時に五〇名ほどが集まって始まった。床の間には幽霊の掛け軸、電気を消して蠟燭の下で怪談を順番に話すといった趣向である。当日の参加者には喜《き》多《た》村《むら》緑《ろく》郎《ろう》（俳優）、伊《い》井《い》蓉《よう》峰《ほう》（俳優）、泉鏡花など何人もの知名人もいて、その盛会ぶりが窺われる。

江戸時代には皆が集まって一人ずつ怪談を語り、話が一つ終わるごとに灯を一つずつ消して行く百物語の遊びが流行していた。当時出された妖怪双六の振り出しには皆が集まって怪談話をして怖がっている様子が描かれているものが散見されるが、こんなところからも百物語が流行していたことを知ることができる。

そうした怖さを楽しむ遊びは近代化が進んだ明治時代になってもなくなることはなかったが、それは怪談がまだまだ人の心を惹きつける力を有していたことでもある。『諸国百物語』『太平百物語』『古今百物語』など、書名に「百物語」の付いた怪異集は江戸時代を通じて多数出されているが、こうした傾向は明治以降になっても続いている。

ここに紹介する『開巻消魂妖怪百物語』（明治二〇年刊）、『新百物語』（明治四〇

河鍋狂斎の描いた百物語遊び

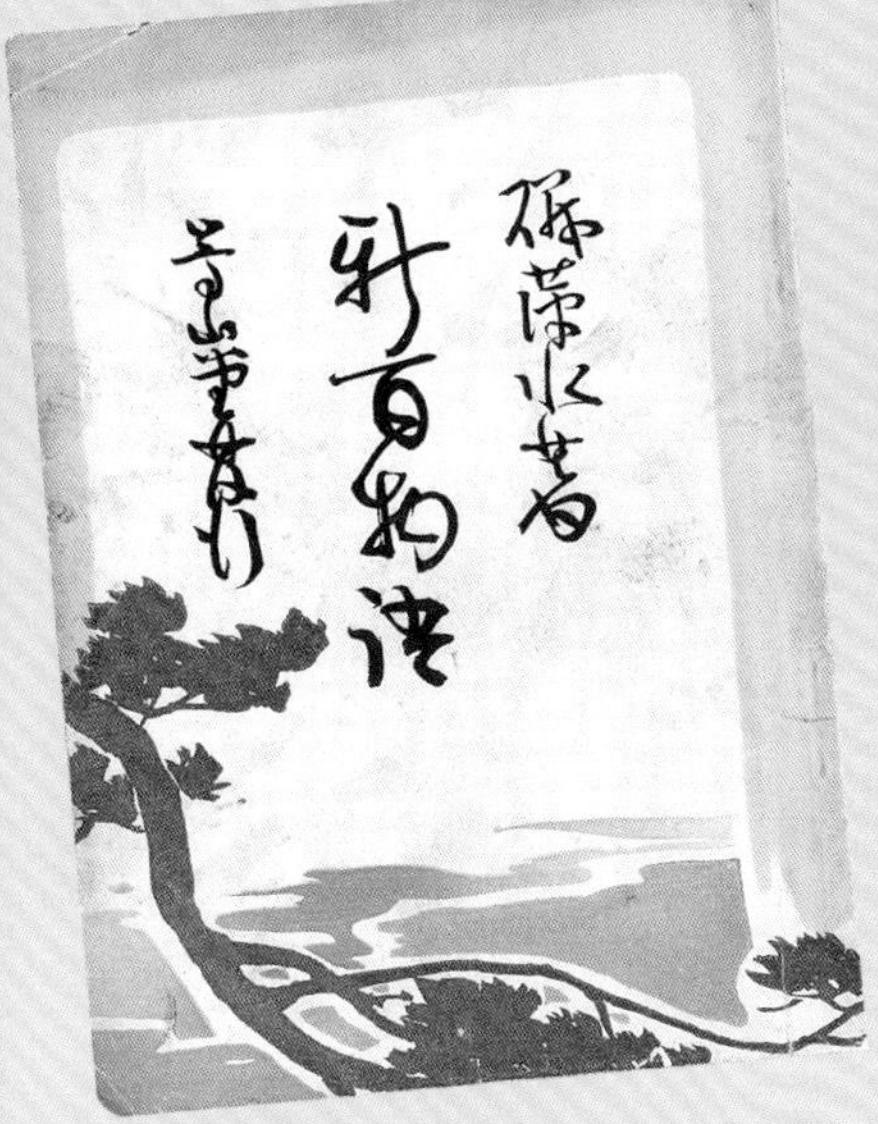

明治・大正期に出版された各種の百物語

年刊）、『妖怪珍奇百物語』（大正七〈一九一八〉年刊）などもそうした百物語本である。和本から洋装本に変わっても、そこに収録された数々の怪異は興味深く読まれ続けている。明治時代には新聞にも「百物語」と題された怪異譚が載っているが、その名の通り百話を掲載した例もあるくらいで、人気のほどがみてとれる。

いっぽう、和漢の怪異をテーマに描いた月岡芳年《よしとし》の「和漢百物語」、魚や獣の妖怪たちが百物語をして闇のなかから九尾狐などの妖怪を呼び出そうとしている「道化百物語」といった錦絵類も出されてきた。葛飾北斎も「百物語」というシリーズで怪談を錦絵としているくらいで、江戸時代には版本とともに錦絵という手法で鮮やかなカラーによる怪談の世界が展開されているが、明治に入っても引き続き妖怪が描かれた錦絵は多数出されていたのである。

さらに、明治三三年には歌舞伎座において一本足の傘の化物や雪女郎などが登場する「闇梅百物語」が初演されている。こんなところにも百物語の広がりを見てとれる。下って、昭和四三（一九六八）年になると「妖怪百物語」という映画が制作されている。このように、「百物語」は江戸、明治から現代にまで連綿と伝えられているのだ。「百物語」は「百鬼夜行」とともに、広く知られた言葉であることもその証といえよう。

第六十九話 梅の精霊《うめのせいれい》

小石川区久堅町に住む永井喜炳は区長も務めた資産家で、金利や地代などで裕福に暮らしていたが、明治三四（一九〇一）年一月より空き地に貸長屋を建てることとした。近辺は旧旗本屋敷跡などが多く古木も少なくなかったが、その空き地には何百年も経た二抱えもある梅の古木があった。代々の地主は古木を伐るに忍びず、また祟りを恐れていた。しかし、そんなことには頓着しない喜炳は、邪魔な梅の木の伐採を近所の鳶《とび》職中野勘太に命じた。

古木の祟りが不安で気が進まなかった勘太だったが、得意先の依頼を断るわけにもいかず、渋々引き受けた。明日は伐採という日の夜、ふと目を覚ますと枕辺に立っているのは長い髪を振り乱し、白い衣姿の青白い顔をした美人。やがて女は勘太に向かって語りはじめた。

「非情の草木といえども年を経ると霊を出だす。われは喜炳の土地に生える梅の精霊である。明日掘り起こされればわが命もそれまでである。喜炳に申し入れて何とか思いとどまらせてくれるように……」

翌朝、勘太は喜炳のもとを訪れて梅の精霊の話を伝えた。しかし、そんな馬鹿なことがあるかとあっさり否定され、勘太も仕方なく作業に取りかかった。勘太が古木の根を掘り返すと大きなウロがあり、そこから何百匹もの蛇が現れた。作業員たちはびっくりしたもののそのままにはしておけず、すべて殺して近くの氷川に捨てた。

怪異が起こったのはその夜からである。勘太のもとに現れた女が氷川の周りを徘徊し、悄然と打ち沈んだ様子で流れを眺めている姿が目撃されるようになったのである。梅の精霊の話は評判となり、近辺には野次馬も押しかけているということだ。

【『時事新報』明治三四（一九〇一）年四月二四日ほか】

『時事新報』明治34（1901）年4月24日

『東京朝日新聞』明治34（1901）年4月24日

第七十話 美少女に化けた狸

びしょうじょにばけたたぬき

明治時代の東京には広大な敷地を有する軍の施設があちこちにあった。だだっ広い建物が点在し、何か不気味な雰囲気を漂わせるようなこともあったに違いない。こうした場所にも怪異は起こり、兵士たちを驚かせていた。芝区白金の陸軍火薬庫における、美女に化けた古狸の話もそんななかの一つである。

それでなくとも物淋しい陸軍火薬庫の付近だが、しとしと降る五月雨夜などはいっそう淋しい場所となる。そんななかで毎夜一二時ころになると、一七、八歳の美しい少女が現れて薄気味悪い空笑いをして行き来する人を驚かせ、哨兵が肝をつぶすようなこともあった。近所では火薬庫辺りに狂女が出るといった噂がたち、夜の外出が絶えるくらい大騒ぎとなった。

以前から火薬庫には古狸が棲み、さまざまな悪戯をしていたといわれていたが、今度の一件も大方その狸の仕業に違いないと思った山本という二等卒は、自分が夜の勤番である六月二一日、その古狸を退治しようと手ぐすね引いて待っていた。

八時過ぎに噂の廂髪《ひさしがみ》の少女が番所に現れて山本の顔を覗き込みながらニタニタ笑う様子に、山本は銃剣で力任せに背後を打ち払ったところ手ごたえがあった。同僚を呼び集めて検分すると、四尺ほどの大きさで全身金色の古狸が頭を砕かれて絶命していたのである。少女の正体はこの狸だったのだ。退治された狸は翌朝には狸汁として兵士たちに供せられたという。

いっぽう、この出来事の半年ほど前にも、軍の施設に棲む狸の悪戯が報じられている。場所は府下豊多摩郡渋谷町字中渋谷の陸軍衛生材料廠《しょう》の仮倉庫。ここは陸軍衛戍《えいじゅ》病院氷川分院だったが、すでに仮倉庫になっていた。

ここの廠員吉崎慶之助は、毎夜宿直時に提灯を持って構内を巡り、警備していた。ところが、この四～五日ほど、何者かが横合いから来て提灯の灯を吹き消すという不審な出来事が続いたため、やむを得ず龕灯《がんどう》提灯に替えて夜回りをすることにした。そして、いつものように夜回りをしていた一月一九日の午前一時ころ、突然何者かに足をすくわれ、腰につけた時計を奪われそうになったので棍棒で殴りつけ、さらに脇にあった大石を投げつけて宿直室に逃げ帰った。

翌朝、現場に行ってみると年経た狸が石で頭を砕かれ、四方の雪を血潮に染めて死んでいた。五尺余もあったこの狸も狸汁となって振る舞われたという。付近の古老の話によると、この狸は同地に古くから言い伝えられた四〇〇年もの年を経た古狸で、もう一匹牝がいるというので狸退治を計画中とのことである。

【『読売新聞』明治四二（一九〇九）年六月二三日ほか】

『読売新聞』明治42（1909）年6月23日

第七十一話 三つ目の怪僧《みつめのかいそう》

元柳原町に住む梅村豊太郎は、明治六（一八七三）年八月四日午前三時と思しきころ、地震に目覚めて熟睡できぬままにいた。突然かたわらに寝ていた子供が何かにとりつかれたように泣き出した。驚いて枕辺を見ると、なんと三つ目の怪しい僧が立っている。その怪僧が見る見るうちに大きくなり、頭が天井を突き抜けるほどとなった。しかし、すこぶる肝のすわった豊太郎は、憤然として身を躍らせて怪僧の裾を引っ摑み力の限り打ち倒すとその正体は年経た老狸だった。

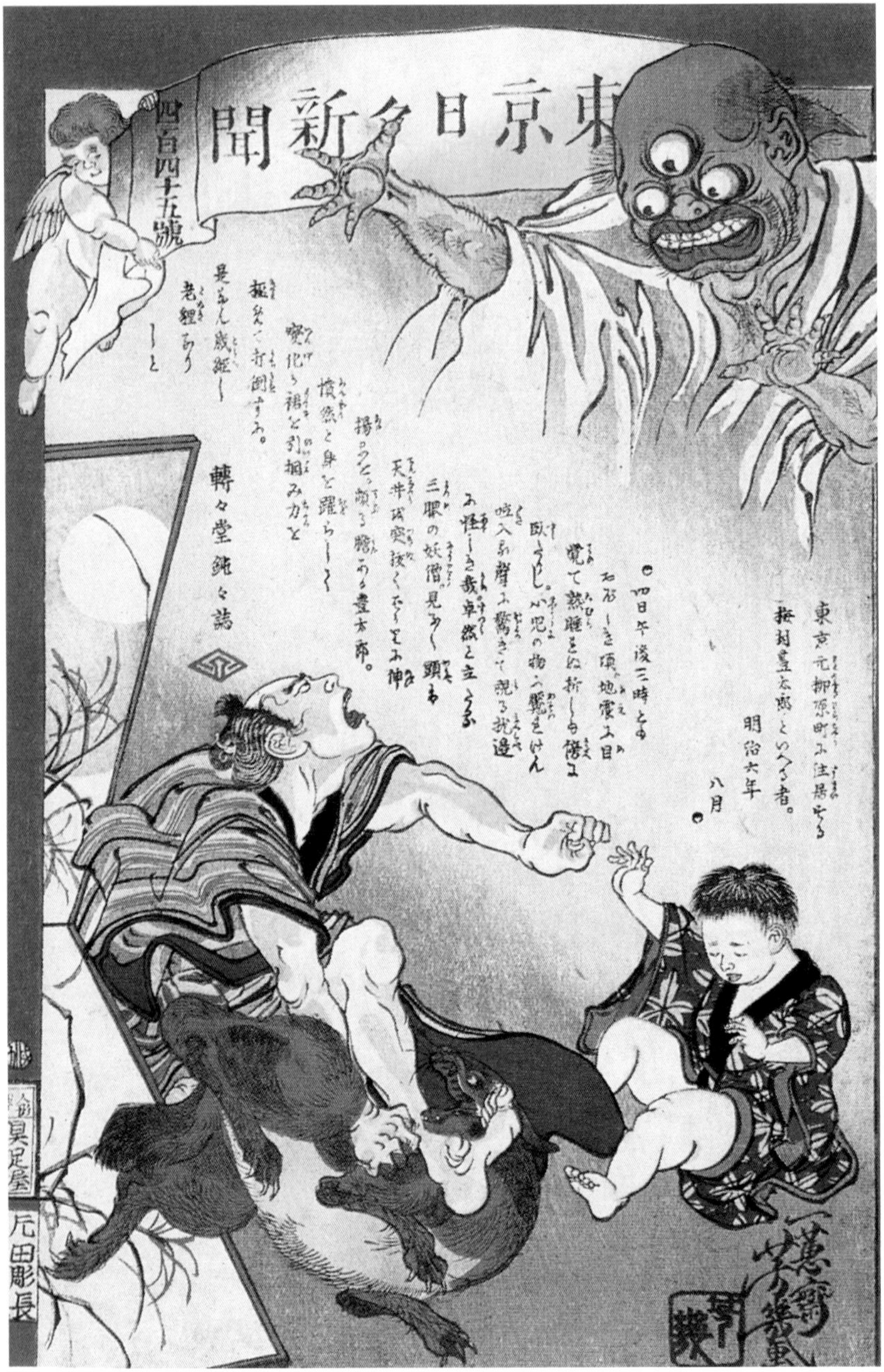

『東京日々新聞』第445号錦絵新聞

【『東京日々新聞』第四四五号錦絵新聞】

第七十二話 深夜の黒坊主《しんやのくろぼうず》

神田福田町の大工何某の家に、近ごろ怪しい出来事が起きている。毎夜一二時ころになるとどこからともなく真っ黒な坊主が現れ、女房が寝ている側に寄り添って頬や口を舐めまわすなど不埒な限りをつくすのである。その跡はたとえようもないほどの腥《なまぐさ》さが漂う。

女房は毎夜こうしたことが繰り返されるので、神経を疲れさせて親類の家に泊まりに行く。するとその日は黒坊主も出てこないが、女房が帰ってくると再び現れるといった具合だという。その後、絶えてこの話の沙汰がないので、すでに妖怪は消滅してしまったのかもしれない。

【『郵便報知新聞』第六六三号錦絵新聞】

『郵便報知新聞』第六六三号錦絵新聞

第七十三話 疱瘡神《ほうそうがみ》

天然痘が流行しているので、疱瘡神が忙しく人力車で移動しているのだろうか。あちこちで怪しい魔神を乗せたという車夫がいるという。

本所緑町から浅草まで乗せた客の娘は一四、五歳で軽かったが、茅場町辺りに来たとき、車夫が灯を点けようと人力車を置いて小戻りした隙に娘の姿は消えてしまった。車賃と思しき紅の紙でつくられた幣《ぬさ》と俵が残されていた。これは疱瘡神の厄神であることは疑いない。

【『日新真時誌』明治八年第三七号錦絵新聞】

『日新真時誌』
明治8（1875）年
第37号錦絵新聞

第七十四話 踊る猫《おどるねこ》

本所区長岡町の一廓は俗に三ツ目と呼ばれているが、ここは昔は松平家の屋敷で、その後は本所養育院となっていた。養育院が移転した後は一帯が長屋となり、少なからぬ人が住んでいた。

明治四二（一九〇九）年四月二三日の午後二時ころ、降りしきる雨のなかを同所に住む家屋斡旋業池田義敬の表口より、どこからともなくやってきた子犬くらいの赤白斑の大猫が入り込み、台所で団扇を前脚に挟んで立ち上がりノコノコと座敷へとやってきた。

それを下女おみねが見つけて仰天し、「おかみさん、おかみさん」と、三歳の長女お安に添い寝をしながら乳をあげていた義敬の妻お芳を起こした。お芳は傍らにあった傘で猫を殴ろうとしたところ、なんと猫は傘に前脚をかけてお芳の真似をしたのである。怖くなったお芳がそのままにしておくと、猫はいつのまにか勝手口から姿を消してしまった。

ホッとしたのも束の間、三時ころに再び縁側に現れ、そこにあったハタキを持って踊りだしたのである。これを見たおみねは驚愕のあまり腰を抜かしてしまったが、そんな様子を尻目に猫は表口から出ていった。

同家では厳重に戸締りし、猫の再来を防いだが、四時ころになるとまたもや姿を現した。台所の欄間から侵入したのだ。お芳が夢中で娘のオムツを投げつけると今度はそのオムツを被って踊りだし、やがて欄間から外へ出ていった。

これ以来、お安は疳《かん》の虫を起こして、犬を見ても「怖い、怖い」と泣きたてる始末。この猫はというと、翌日には同じ長屋の大工の家に入り込んで手拭いを被って踊っていたところを棍棒で殴られてから姿を見せなくなったという。だが、近所では雨の降る日にまた現れるのではないかともっぱらの評判であるという。

後日、この猫を捕獲するためにさまざまな方法がとられ、ついに罠で捕え、見世物に出すと近辺で騒いでいるとのことであるとの報道もあった。

【『報知新聞』明治四二（一九〇九）年四月二八日ほか】

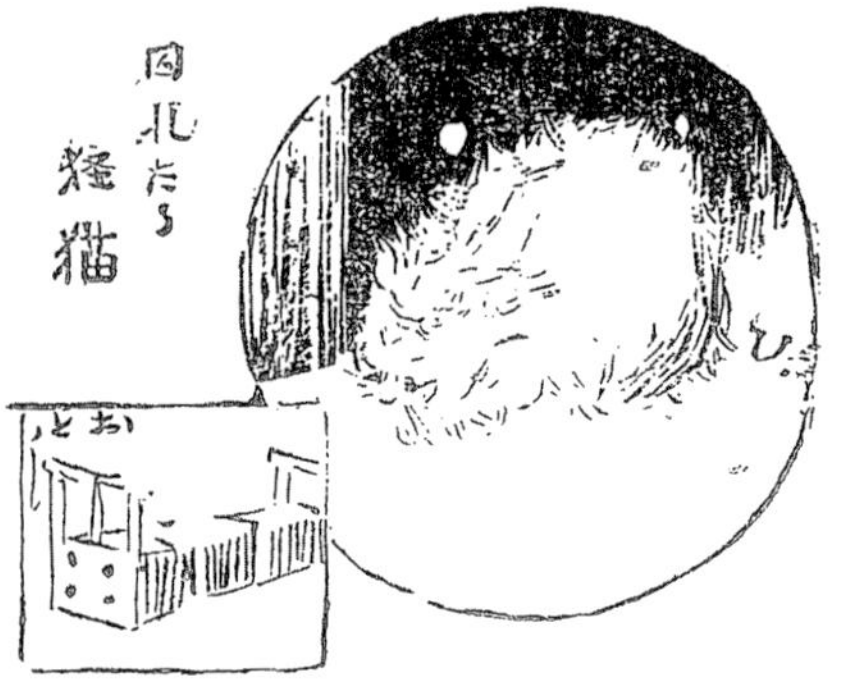

『やまと新聞』
明治42（1909）年5月2日

『萬朝報』
明治42（1909）年4月28日

『報知新聞』明治42（1909）年4月28日

第七十五話 土蔵の大蛇《どぞうのだいじゃ》

向島小梅町に住む久保田甚三はわずか七歳ながら戸主であり、資産家としても知られていた。養祖母久保田みねが後見人となり、何不自由なく暮らしていた。

　不思議なことに、最近になって毎晩のように奥土蔵から長さ五、六尺もある大蛇が現れて甚三とみねの寝ている座敷へ来る。枕元にとぐろを巻いたり、夜具の上などに這い上がって、追い立てても空の白むころまでは動かず、明るくなってようやく土蔵のほうへ引っ込むのである。みねも困り果てて親戚を呼び集めて大蛇消滅の協議をした。その結果、庭内に弁天などをまつって盛大に祭典を挙行し、ねんごろに祈禱した。

　ところで、同家は旧幕時代には名主をつとめていた旧家で、先代の長右衛門は戸長役や町会議員にもなった地元の名士であった。妻と二人の女の子供がいたが、三人ともコレラに罹って死亡してしまった。長右衛門は悲しさのあまり、三人の納骨もせずに仏壇や土蔵の入り口に白骨を並べ、あらぬ事などを口走るようになったことから親戚も心配して、彼の妹で出戻りのみねに世話万端をさせていた。

　ところが、長右衛門の狂気はさらに強まり、来客などがあるとしきりに土蔵を気にして施錠し、ついには誰も土蔵に入れなくなってしまった。長右衛門は、明治三一（一八九八）年六月上旬に死亡したが、臨終の間際まで土蔵のことをひどく心配していた。

　そんなことから親戚一同が相談して土蔵は不開《あかず》の蔵とすることとし、親戚の鎌太郎の三男である甚三が養嗣子となり、みねが後見人となることで今日に至っている。甚三も成人になるまでは土蔵を決して開けないと決心しているが、その扉の奥にどんな不思議があるのか、見てみたいものである。

【『東京朝日新聞』明治三五（一九〇二）年六月二二日】

『東京朝日新聞』明治35（1902）年6月22日

第七十六話 鬼のミイラ

おにのみいら

神田区橋本町の質商近江屋大野利右衛門方は元禄のころより江戸に住んできた旧家だが、同家には鬼のミイラと呼ばれる珍蔵品がある。

明治四三（一九一〇）年に帝国大学にその真偽の鑑定を依頼したが、製作品にしてはあまりにも巧みに出来すぎており、はっきりしない鑑定に終わったため、今でもただの珍物として保存している。

それは七〜八歳ほどの小児くらいの大きさで、片膝を立てて座った姿勢で両手を垂れ、頭部には二本の角が生えており、口は耳まで裂けて尖った牙がある。体は灰色を帯び、乳なども完全に備わっており、頭を含めた全身が薄い白毛に覆われている。充分に乾燥しているようで、打つとコツコツと音がするなんとも気味の悪い代物だ。

【『東京日日新聞』明治四四（一九一一）年八月一九日】

『東京日日新聞』
明治44（1911）年8月19日

『東京日日新聞』
明治21（1888）年11月18日
見世物に出された鬼のミイラ。

鬼のミイラの絵葉書

別府温泉八幡地獄にあった鬼の骨を写した絵葉書

第七十七話

大鷲《おおわし》

武州青梅在のある農家で、幼児を縁側で昼寝させていると、しきりに泣く声がする。

見ると、屋敷の外の杉の大木にどこから来たのか、年経た大鷲が羽を休めて嘴を鳴らしながら、幼児をまさに連れ去ろうとしているところである。驚いた亭主が銃で撃ち落としたところ、羽渡りは一丈以上もあり、身の丈六尺余もある巨大な鷲だった。

【『東京日々新聞』第九一七号錦絵新聞】

『東京日々新聞』第917号錦絵新聞

第七十八話　家鳴り《やなり》

本所区表町にある芳川錠太郎が所有する長屋は、夜な夜な丑満時になると家鳴りがするので、長屋の住人は我も我もと他所へ引っ越そうとしている。近所ではこの怪事の原因について噂が立っている。それによると、かつてこの長屋の住人に影山丈作という数珠職人がいたが、明治三三（一九〇〇）年一月に妻チウが長女を出産、翌年九月にも次女を出産したが、次女は生後二日目に死亡し、その初七日に長女も突然死亡、丈作夫婦は悲嘆にくれていた。さらに四七日《よなぬか》の日に妻チウが死んだので、その不吉な出来事はたちまち世間の噂となっていった。

そして丈作は度重なる不幸で出費もかさみ、借金がたまって返済できなくなり、家財を売って返済しようとしたところ、債権者が雲のように集まってきて我先に家財道具を持ち去ってしまい、丈作は泣く泣く笠ひとつでどこへともなく姿を消した。長屋の夜鳴りは、親子三人の怨霊が残っていて始まったのだ、といわれている。

『二六新報』明治34（1901）年11月22日
表町の家鳴り。

『東京朝日新聞』明治34（1901）年6月30日
市ヶ谷谷町の家鳴り。

牛込区市ヶ谷谷町の空家でも家鳴りの怪が起こり、近所の若者は空家に押し入って怪異を待ち構えているとの騒ぎもあったりした。

家鳴りについて、江戸時代の妖怪本『画図百鬼夜行』では、小さな鬼が家の土台や柱を揺さぶっている姿で描かれている。また、天井の梁を駆け巡る鬼として描かれているものもあるが、家鳴りは当時から広く知られた怪異だった。それが明治時代の記事にも散見できるのである。

【『二六新報』明治三四（一九〇一）年一一月二二日・『東京朝日新聞』明治三四（一九〇一）年六月三〇日】

第七十九話　怪しい大坊主《あやしいおおぼうず》

下谷区三輪町の人力車夫細井辰次郎は、毎日のように上野新坂下で客待ちをしながら細々とその日暮らしの生活をしていた。その日も終日客待ちをしていたが一人の客もなく、夜明かしを覚悟して群がる蚊を追い払いながら不景気を嘆いていた。

　夜中の一時ごろ、新坂を下ってきた六尺余もある五〇歳くらいの坊主が田端まで二〇銭の約束で乗車した。辰次郎は梶棒をつかんで引き出し、根岸の豆腐料理屋の前まで来ると、「この通りは道が悪いので、賃銭を増してもらいたい」と申し出た。坊主は、「それでは一〇銭増してやるから急いで行ってくれ」と返答したので、辰次郎は喜んで元気づいて車を引いていった。

　そのうちに車が軽くなったので怪しんで振り返ると、坊主はさっきと同じように乗っている。訝しがりながらもなお引き行くと一歩ごとに軽くなり、ついには空車かと思うほどになった。やがて田端に着いたので梶棒をおろして後ろを見てみると、先ほどまで車に乗っていた坊主は影も形もない。辰次郎はゾッとして空《から》車《ぐるま》で引き帰ろうとしたものの、元来た道には出られず、田圃のなかに車を引き入れてしまうという思いもよらぬ状況となり、朝の九時ころにようやく帰宅した。

　家に着くや病気となり、「あの大坊主こそ近ごろ新坂下で多くの人を轢死させている死神の変化《へんげ》に違いない」と語っているとのことである。

【『日出国新聞』明治三四（一九〇一）年八月九日】

『日出国新聞』明治34（1901）年8月9日

第八十話 くたびれ損《くたびれぞん》

　新橋玉村家の玉造は中年ではないが、不思議に猿が好きである。ジョンとハナという夫婦猿を飼っていたが、突然牡猿のジョンが病死した。玉造の落胆は大きく、しょんぼりと青山墓地に埋葬したが、毎夜ジョンが夢枕に立つので気に病んでいた。

　ある人が古石塔を一ヶ月飾っておけば消えると教えてくれたので、玉造は大いに喜び、ジョンの墓参りのさいに女中お金に命じて無縁の石塔を背負わせ、人の笑うのを辛抱して持ち帰って床に飾り立てた。ところが一向にジョンの亡霊は消えないばかりか、今度は人間の亡霊が出てくるようになった。

　よくよく調べてみると、この石塔は無縁どころか新仏の土饅頭の上にあった生々しい思いのかかったものと判明して玉造はびっくり。一昨日、再びお金に背負わせてこの石塔を元の墓地に戻したということだ。

【『東京日日新聞』明治四四（一九一一）年三月一六日】

『東京日々新聞』明治44（1911）年3月16日

第八十一話 善人の恨み《ぜんにんのうらみ》

芝区南佐久間町の旅人宿の主人作見虎三が、負債のために明治三四（一九〇一）年二月二三日に自宅の中庭で二十余通の遺書を書きのこして縊死した。この虎三という男はすこぶる侠気のある人物で、不運な人の記事が新聞に載ったりすると応分の義捐をし、非常にあわれな者は自宅に連れてきて世話をし、このために数年間貯蓄した金を使い果たしたほどの変人だった。

この虎三の家に久しく止宿していた松原五一、渋谷茂三郎の両人は、金の生る木の山林を持ち、金の茶釜で常に行水の湯を沸かすなどといった大法螺を吹いて、一〇〇〇万円の銀行を設立するとか大会社を興すなどと無責任な言を吐き、これを信じた虎三は両人の頼みに応じて自分の家屋を抵当に一〇〇〇円を借りて貸した。

その金の返済日である二月二〇日になると、両人は二五日には必ず返済すると約束したので、虎三は翌日に債権者が差し押さえにやって来た折に二五日まで延期を願い、債権者はその調書を作成して帰っていった。しかし、二三日になると五一と茂三郎は二五日には返済できないと虎三に断言した。この言葉に当惑した虎三は遺書を書いて死を選んだのである。

遺書には両人に対する恨みつらみが書いてあった。女房にあてた遺書には虎三の実弟である富小路耕作を後見人にとの一文があったため女房は耕作宛の遺書を渡したが、耕作は無学で字が読めない。そこで五一と茂三郎に読んでもらったが二人は自分たちの都合の悪い箇所は耕作に伝えずごまかしていた。

ところが、虎三の初七日に両人は糞づまりとなって悶え苦しみ、入院しないと治らないと言われたことから、茂三郎は築地の林病院、五一は沼津の鶴東病院に入院したが、毎夜二人の枕元に虎三が朦朧と現れるということで、佐久間町辺りでは昨今その噂で持ちきりとなった。

【『日出国新聞』明治三四（一九〇一）年三月七日】

『日出国新聞』明治34（1901）年3月7日

第八十二話 芸者の入水《げいしゃのじゅすい》

新富橋より入水自殺した櫓下《やぐらした》芸者香川屋梅太郎が着ていた着物についての不思議な話が、あちこちの料理店や待合で噂となった。

それによると、梅太郎と同じ抱芸者の小鶴が梅太郎の着物を譲り受け、着用して座敷に出かけたが、何か梅太郎が背後にいるようで不気味な感覚があった。とくに不思議なのは、この着物を衣紋掛に掛けておくと、誰も触らないのにいつのまにかズルズルと下がり落ちて、何度掛けなおしても衣紋掛に留まることはない。これは梅太郎の亡霊が着物にのこっているためとのことだ。

この件についてある者が言うには、梅太郎が入水した日の朝、新富町の女髪結《かみゆ》い岡田に行き、番の札を掛け置いていたが、それがいつのまにか髪結いで使う水の中に浮かんでいたという。そのときは別に意にとめなかったが、後で考えると入水の前兆だったと思われる。哀れな梅太郎だが、不思議なこともあるものである。

神田区三崎町の下宿屋では、布団に入って誰かが寝ているのが障子越しに見えたが、部屋に入ってみると布団はなく、戦死した人の骨が白木の箱に入っていたという怪事も報じられている。これなども着物や寝具にまつわる怪といえる。

【『日出国新聞』明治三五（一九〇二）年一月二四日・『小樽新聞』明治四四（一九一一）年七月四日】

『日出国新聞』明治35（1902）年1月24日

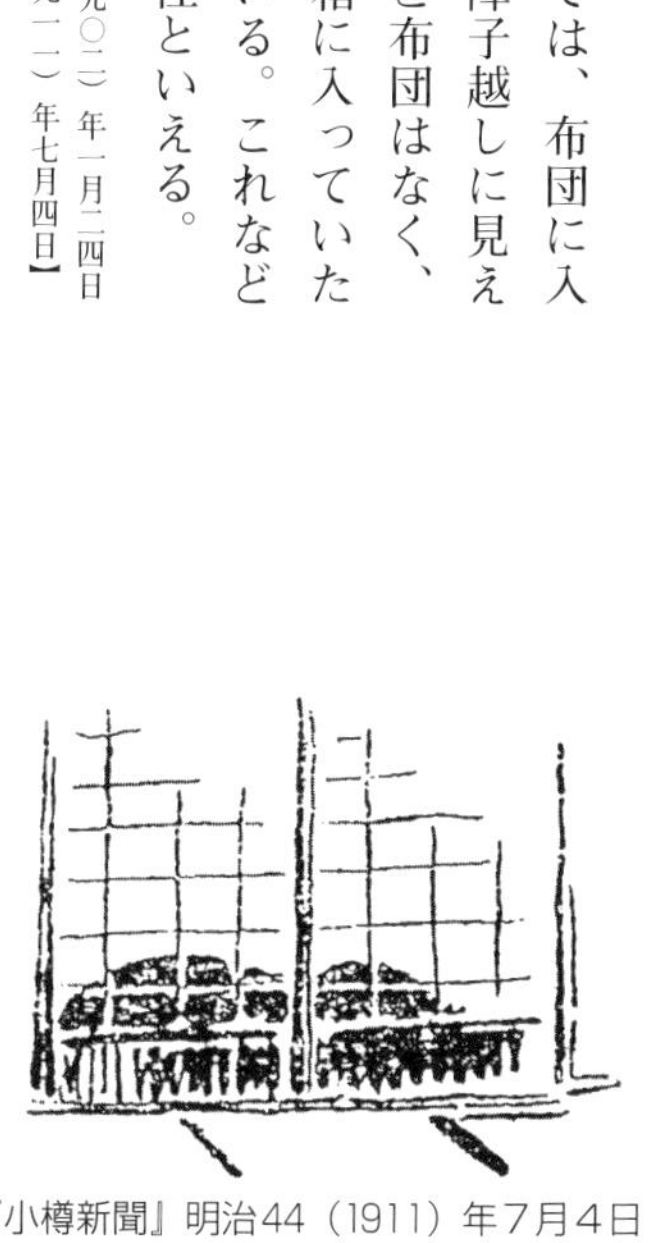

『小樽新聞』明治44（1911）年7月4日
障子に映る影。

第八十三話

老婆の心残り

ろうばのこころのこり

両国矢の倉で袋物商を営む高田清吉は、商売柄、そして場所が近いということもあって、柳橋の芸妓屋などに出入りしていた。調子がよく、ちょっと男振りもよいことから、いつしか浮き名を立てるようになり、果ては放蕩に身を落としてあちこちに借金もつくり、店を持ちこたえることができなくなった。

こうして本所の千歳町に移り、ポツポツとつまらぬ注文物などを取ってその日暮らしをするまでに落ちぶれていった。こうなると浮き名を流した女たちも離れてしまい、清吉はヤケになり、金が入れば酒ばかり飲んで不満を晴らしていた。そのため米屋や薪屋への月々の支払いにも事欠き、家賃を五ヶ月もためて追い払われてしまう。

借家を探し回ったが師走ということもあって、この時期に空家を探しているような者を誰も信用せず、どこへ行っても家賃をいくら渡せだの敷金を入れろなどと、今の清吉には到底不可能な条件ばかり出され、困り果てて歩き回っていた。

ちょうど外手町で一軒のちょっとした借家が目に入る。だめで元々と家主に聞いてみると、「借りてさえくれれば家賃などどうでもいいから早速引っ越してください。ただ、前もって断っておくが、あそこは化物が出るという評判があって、これまで幾度貸しても皆引っ越してしまい私ももてあましているところ。出るか出ないか知らないが、お前さんが辛抱して住まってくだされば自然化物長屋という評判も消えるに違いないから、お前さんが住んでいるうちは家賃は貰わぬことにしましょう」との提案。聞けば気味悪いがなにも食い殺されるわけでもなかろうと、清吉はその日のうちに引っ越してきた。

近所では化物長屋に越して来た酔狂な人もいるものだなどと評判になり、なかにはわざわざ忠告する人もいたが、清吉は「なに、私は化物が好きなのだ」などと言って、その晩は酒をしたたか飲んでぐっすり寝込んだ。

『神戸新聞』明治34（1901）年12月29日

やがてなんともいわれぬ息苦しさで目を覚ますと、闇のなかに朦朧と老婆の泣いている姿。ゾッと水を浴びせられたようになりながらも辛抱して、「お前さんは何者だ」と聞くと、その姿はフッと消えて夢のような気分。

翌日、あまり変だから何か人の気ののこっているようなものでもあるのだろうかと、家中くまなく探したところ、床下から小さな入れ物に入った銅貨一二、三円が見つかった。早速家主のところへ持って行くと、「あそこには以前老婆が一人住んでいて、賃裁縫で金を貯めていたとの噂があったが、死んだので調べたところ貯えがなく、道具を売って葬式をした。

大方床下の金に気がのこって姿を現すのだろう」とのこと。

清吉は大家とともに警察に届け出ると、金は大家に下げ渡されたので、その金で石塔をつくり、寺に頼んで法事をすると、不思議なことにその後幽霊は出なくなった。そして、清吉は約束通り家賃なしで住み、一生懸命稼いだので小金がたまり、人並みの暮らしができるようになったという。

【『神戸新聞』明治三四（一九〇一）年一二月二九日】

第八十四話 猫の声

ねこのこえ

花で名高い小金井村の大工田中甚兵衛は血気盛りの若者だが至って臆病で、夜は決して一人歩きはしないほど。どうしても外に出なければならないときは、大きな声で歌を歌って怖さを紛らわせていたが、その声はいつも震えていたという。

ある冬の夜、隣村からの仕事の帰り、村境の山林にさしかかった。その先には浅間山という小高いもの凄い山があった。この山は昔より大蛇が出るとか狐がいるとかいって、付近の子供は昼間すら近辺を通ることを恐れる気味の悪いところである。

甚兵衛にとってこのあたりを通るのは非常に難儀だったが、仕方なしにこわごわ通ろうとすると、寒空がいっそう寒くなり、身を切るような風が遠慮なく吹いて来て、首筋がヒヤリとする。甚兵衛はガタガタ震えながらも、つとめて平気な顔をして歌を歌いだしたが、歯と歯がかち合うばかりで歌の文句がさっぱりわからない。やっとのことで頂上あたりまで来ると、トントンカチカチと自分がいつも鑿《のみ》で柱を掘るような音が高くなったり低くなったり、近くなったり遠くなったりしながら段々近づいてくる。

たまらなくなって足早に山を通り過ぎてホッとしていると、一陣の寒風が吹いて提灯の灯が消え、今度は頭の上からニャンニャンと猫の鳴き声。見上げると木も何もなく満天に星が輝いているだけ。恐ろしくなってさらに歩を早めると、やっぱり頭の上から猫の声が聞こえてくる。

こうなると鍋島の化け猫の話などを思い出して無我夢中に駆け出し、もう大丈夫と思ったが、いっそう大きな鳴き声が聞こえて来たので甚兵衛はその場で気絶してしまった。幸いにもそこに同じ村の人が通りがかり、甚兵衛を家まで送ってくれたという。

【『神戸新聞』明治三四（一九〇一）年一〇月二三日】

『神戸新聞』明治34（1901）年10月23日

第八十五話 屏風のなかの君

びょうぶのなかのきみ

東京生まれで東京育ち、家は浅草区内にあり、特に働いてはいなかった男が祖父から受け継いだ土地や家作でそれなりの生活をしていた。

明治二二（一八八九）年に日本橋区内の商人の娘と結婚することとなった。その家は母方の縁続きで、幼少のころから親と親で将来の結婚を決めていた仲だった。結婚相手のお君は二つ年下の一七歳、気立ての優しい娘だったが結婚の間際に病みつき、その病気が治るまで婚礼は日延べされた。一日おきに看病に通って様子をみていたものの、病は一向に好転しない。

ある日の夕方、先方から早く来てくれとの連絡が入ってあわてて駆けつけると、お君は大勢に囲まれて意識も朦朧としている状態。「君ちゃん」と声をかけて手を握ると、お君もその手を握りしめ、男の顔を見入って涙を流して息を引き取った。明治二二年秋のことである。

落胆のあまり涙のかれぬ日が続いたが、先方の両親も傍目にも見られぬほどの憔悴で、しばしば慰めに通った。そんなある日、淋しいから泊まっていってほしいとの申し出で、床についたのがお君の臨終の座敷。

いろいろ考えながら容易に眠られず、庭先からは折から降り出した時雨の音、二更の鐘が微かに聞こえた。淋しいので寝床の横に立てまわした屏風を見ると武蔵野の秋景色、その乱れた薄《すすき》のなかから煙のように現れたのは紛れもないお君。スーッと傍に寄ってきて冷たい頬を顔につけてきて非常に苦しくなって我に帰った。しかし夢と思っても夢ではなく、現《うつつ》でもない不思議な気持ちで、これはお君の霊が現れたに違いないと今もって信じている。

【『神戸新聞』明治三四（一九〇一）年一一月二八日】

『神戸新聞』明治34（1901）年11月25日

第八十六話 古家の幽霊

ふるいえのゆうれい

府下八王子町大横の三田村お瀧所有の土地に建てられていた建物の過半は、明治三〇（一八九七）年四月の猛火により焼け落ち、一棟二棟ほど古家が残っているに過ぎない。その古家は住む人もなく、軒が傾き柱も崩れて、草が生えた畳の上には鉦叩虫《かねたたき》がまるで主のない位牌を回向しているかのようだ。塀は崩れ落ち、花壇の跡に美人草が艶やかな色で咲き乱れているのがさらに悲しさを誘い、まるで化物屋敷のようで、犬さえ垣を潜らないほどの荒れようだ。

この古家に幽霊が出るといった評判が立ち、女の朦朧とした姿を柿の木の下で見たと震えながら語る者もいれば、白い提灯がフワフワと古井戸のほうへ向かい、そのまま消えてしまったのを目撃したという人もいたりといった具合で、雨が降る夜に鬼の声が聞こえるという噂も出ている。そんなことから幽霊の正体を確かめたいという野次馬が何百人も集まり、屋台の氷店も出るほど。

【『東京朝日新聞』明治三五（一九〇二）年八月二八日】

『東京朝日新聞』
明治35（1902）年8月28日

第八十七話 川崎大師の煮小豆

かわさきだいしのにあずき

尾上菊五郎は常に川崎大師を信仰し、何事につけても大師のお告げを得てから行うというほどだった。二一日の縁日にはいかなることがあっても欠かさず参拝し、豆撒きには毎年年男となって信仰を怠らなかった。

大師様もそれを愛でてなのだろうか、去る一六日の夜にその霊が菊五郎の枕頭に現れて、鳩頭の杖で頭をコツコツと叩きながら「御身の周囲には悪魔外道《げどう》寄り集まり命を奪おうとひしめいている。このことを告げんがために現れたのだ。この災厄をのがれるには、よく心して明日小豆を煮て食したる上に、怨敵《おんてき》退散と三度口のなかで唱えるように。そうすれば悪魔外道はたちまち消え失せるだろう。ゆめゆめ疑うことなかれ」と言ったと思うと、菊五郎は目が覚めた。

不思議なこともあるものだと思いながら縁側に出て顔を洗おうと下女を呼べば、下女は水を持ってこず、煮小豆を恭しく持ってきてすすめるので、どうしたことかと尋ねると、「先刻の申しつけに急いで煮てまいりました」との返事。申しつけた覚えがないのに、これは夢のお告げが実現したもので、大師様のご利益に違いないと三拝九拝して口を漱ぎ、煮小豆を食して、「怨敵退散」と唱え、すぐさま身内の大五郎などの若者を引き連れて川崎大師に参詣した。これを契機に毎年五月一七日は煮小豆日として大師様の功徳をこうむることを誓ったということである。

【『東京日日新聞』明治四四（一九一一）年五月二五日】

『東京日日新聞』
明治44（1911）年5月25日

第八十八話 大井村の狐

おおいむらのきつね

明治三四（一九〇一）年六月三〇日の午前二時ごろ、荏原郡大井村字森の萩原権六の長屋に住む井村達一の表戸をしきりに叩く者がいる。何事かと達一が寝ぼけ顔を擦りながら戸を開けてみると、一人の男が黒紋付を着て右の手には縄を持ち、左手には消えた提灯を携えてぼんやりと立っていた。

「どんなご用ですか」と尋ねると、その男は「私は大井村字原に住む平林鈴吉という者です。昨夜親戚に婚礼があって招かれ、ご馳走になって折詰めを携えて帰ってきましたが、途中まで来ると急に眼前に山や川が出来て方角がわからなくなった末に、大事な折詰めがいつの間にか空にされ、途方に暮れてここまで来るとお宅が見えましたので、相済まないと思いながらも叩き起こしました」と言った。

狐に誑《たぶら》かされたと知った達一は、気の毒に思って鈴吉を家まで送った。鈴吉は大いに喜び、その日の午後にお礼としてキュウリ二〇本を達一に送ったということだ。

【『富士新聞』明治三四（一九〇一）年七月二日】

『富士新聞』明治34（1901）年7月2日

第八十九話 魚籃坂下に降る石

ぎょらんざかしたにふるいし

明治三四（一九〇一）年七月下旬以来、芝区三田魚籃坂下松坂町辺りに連夜のように石が降った。その怪異の中心となった家屋は西向き平屋建ての長屋で、酒商広瀬仁三郎、蕎麦屋須永順三郎、元結職工木下猪之助ほか九人が住んでいた。

七月二七日午後七時すぎに長屋の人たちが門口に出て、床机《しょうぎ》に腰掛けて涼んでいると、長屋の向こう側にあたる白金志田町の薬種商熊谷亥之助方ほか数軒の屋根にどこからともなくパラパラと小石が降り、続いて自分たちの長屋にも三、四日のあいだ夜になると石が降ってきた。別段損害もないのでそのままにしておいたが、八月三日夜に広瀬方、須永方ほか二～三軒の屋根へ夥しい降石があり、続いて丸石、切石、金屑などが落下して屋根瓦を砕き、開け放した箇所より座敷内に石が飛び入って居合わせた人をかすめて器物や障子を破損する始末で、夜一二時に至ってようやく石は飛んでこなくなった。広瀬は再度こうしたことがあってはたまらないと、翌朝派出所に届け出た。

派出所から芝署に報告されて、四日には同署の風俗係の警官が半信半疑で長屋の人たちから事情を聴取し、「そんな事実などあるはずがない」といっているさなかに警官の体をかすめて二、三個の降石があり、続いて屋根にも石が降ってきたが、闇夜のこととてどこから飛んできたのかわからない。その後、同町の大森熊蔵の庭先に小石を掘り返した場所があったのでそこを警戒していたが石は相変わらず長屋に降り、三日ほど続いた。

降石の噂は広まり、この石に当たっても痛みを感じないなどのあらぬ評判がたち、長屋では大迷惑。原因を探ったところ、広瀬方の小僧が同家の物置前で石を投げているのを見つけて捕まえた。だが、この小僧だけの仕業だけとは思えず、本当の怪異なのかどうか不明とのことである。

このような怪異現象は、第六十一話にもあったように各地で報じられている。

錦絵新聞で伝えているのは、秩父で起こった礫《つぶて》事件。ここでは狐狸の仕業と断じている。

【『報知新聞』明治三四（一九〇一）年八月一二日・『東京日々新聞』八七六号錦絵新聞】

『報知新聞』明治34（1901）年8月12日

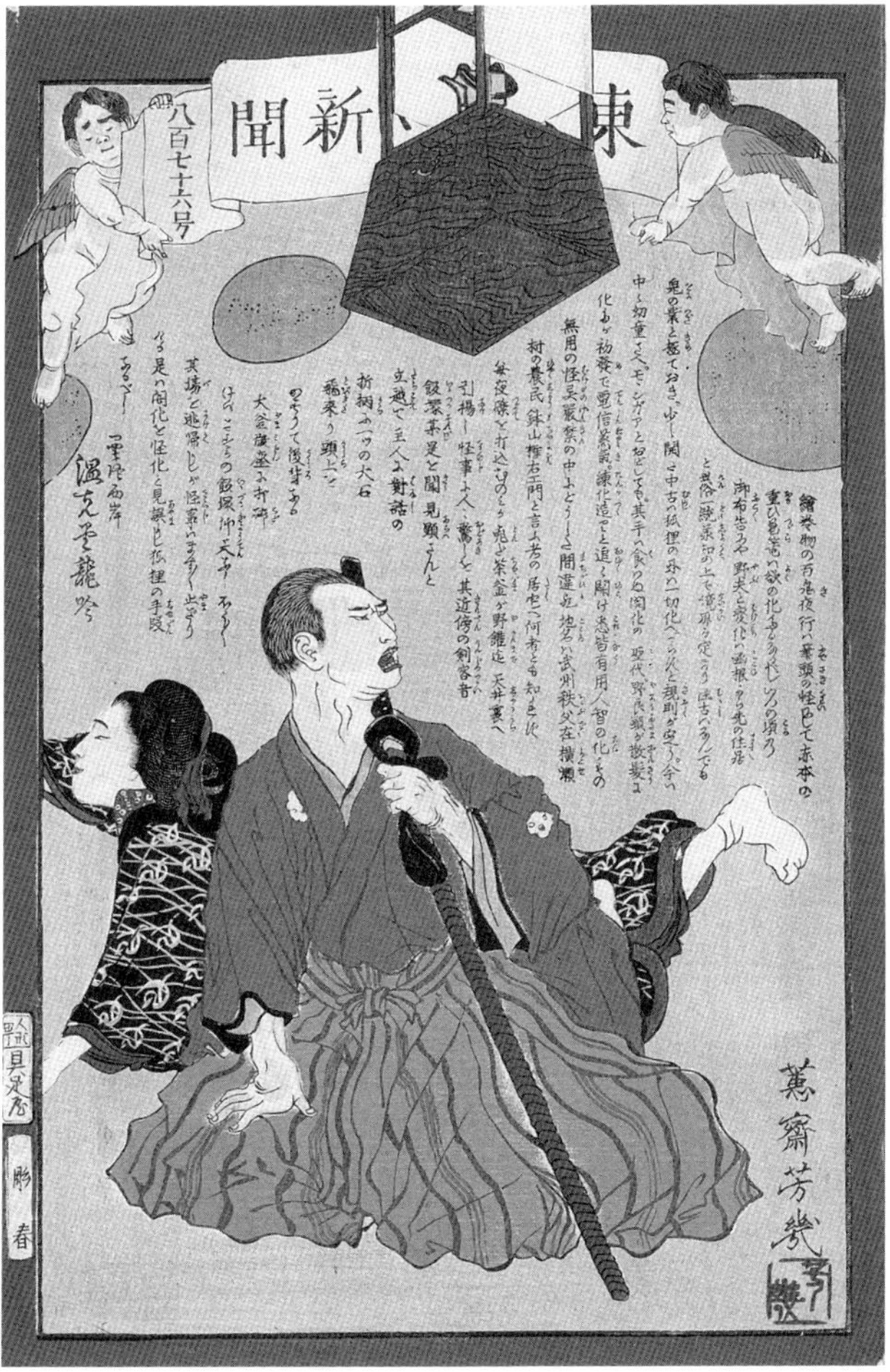

『東京日々新聞』第八七六号錦絵新聞

第九十話
狐に化かされる《きつねにばかされる》

明治四三（一九一〇）年七月一九日、小石川区西古川町の左官職の横に積んであった壁土を一人の男が摑んでは投げ出し、「サア持ってけ、背負ってけ」と大声で騒いでいた。

警官が来て取り調べてみると、この男は牛込区北町の鈴木鎌之助といい、その日に小石川市兵衛河岸の露店で鰊を肴にたらふく飲み食いし、関根某の家を訪ねて行く途中、にわかに三匹の白狐が前面にあらわれたと思った瞬間、たちまち四方が一面の川となってしまい、辛うじて這い上がったのだという。そして先刻の失態を演じてしまったという。警察ではこの申し立てに呆れて、説諭の上で放免したという。

【『二六新報』明治四三（一九一〇）年七月二一日】

『二六新報』明治43（1910）年7月21日

第九十一話
柳原の老狐《やなぎはらのろうこ》

明治四五（一九一二）年一月二九日午前一一時ごろ、本所七不思議の本場の柳原にある古河溶銅所の監視人三田村留吉は巡視中に、工場の床下にコンコンと怪しい声がするので、何事かと振り返ると、長さ六尺ばかりで全身赤毛で棕櫚箒のような尾を持った老狐が現れた。びっくりした留吉は数名の者と生け捕りにしようとしたが、老狐は数間の高塀を飛び越えてどこへともなく姿を消した。

留吉の話によると、「三年前にも老狐が現れた。察するところ付近の宮内省御料林材木置場に棲み、工場の鶏を捕るために出没するのだろう。同所には年久しく棲む貂《てん》もいる」。

その数日前の夜更けに吉野某が付近の川沿いを通行中、按摩が傘もささずに流し歩いているので気の毒になって声をかけると、按摩の姿は掻き消すように失せ、樽拾いとなってケタケタ笑う。怪しい奴に違いないと思って捕えようとすると、一匹の老狐になって逃げていったとのことである。

【『東京日日新聞』明治四五（一九一二）年一月三〇日】

『東京日日新聞』明治45（1912）年1月30日

第九十二話 地蔵に化けた書生《じぞうにばけたしょせい》

明治三六（一九〇三）年三月一〇日夜八時ごろ、新宿の貸座敷豊咲楼で本郷区西片町の脇阪四郎と名乗って登楼した書生客が無一文だったことがわかり、行灯《あんどん》部屋に下げた。

その後に人力車夫長野房次郎が付馬《つきうま》となった。人力車に乗せ、「早稲田の親戚に行けば金策ができる」という言葉を信じてそこまで行くと、さらに「大久保へ行け、中野に行け」と引き回した挙句、戸塚村の中村という飯屋で飲食した勘定も房次郎が立て替えるといった状態。

再び早稲田に戻って穴八幡の神社前で提灯の蠟燭が消えそうになって房次郎は当惑し、最寄りの馬場下に蠟燭を買いに行こうしたが、客に逃げられては大変と一策を案じ、四郎の羽織と衣類を剝いで丸裸にした。こうしておけば逃げることはないと思い、「お寒かろうが辛抱しなせい」と言って剝いだ着物を抱えて蠟燭を買いにいった。

「お待ちどうさま」と言いながら見ると、人力車には幌が下ろしてある。少し様子が変なので幌を跳ね除けると、四郎の姿はなく石の地蔵が座っている。房次郎は呆れ返り、どうして丸裸の男が逃げることができたのだろうかと、剝いだ着物を見てみると、四郎の着物だと思っていたのは自分が友人から借り受けた衣類ではないか。

びっくりして、「夢なら夢で寝ているはずだが、こうして早稲田くんだりまで引き回り、骨を折ってから覚めるような念入りな夢もあるまい、さては狐か」と薄気味悪くなり、石地蔵を下ろして、念のためにわざわざ本郷区西片町に行ってみると、脇阪四郎という人物は見あたらなかった。

結局、房次郎は狐に誑《たぶら》かされたのだろうと判断したが、それでもいまだに納得できずにいる。

【『東京朝日新聞』明治三六（一九〇三）年三月一二日】

『東京朝日新聞』明治36（1903）年3月12日

第九十三話 狸の書

たぬきのしょ

武州多摩郡国分寺村の名主儀兵衛という者の家に狸が僧に化けてやってきた。京都紫野大徳寺の勧化《かんげ》僧で、無言の行者であると称して用事はすべて書で行った。田舎のことなので、これを有難い聖と思って馳走などして逗留させた。

その筆跡は篆《てん》字、真字、行字が交じっており、文章も違ったところがあって、いかにも狸が書きそうなものであった。

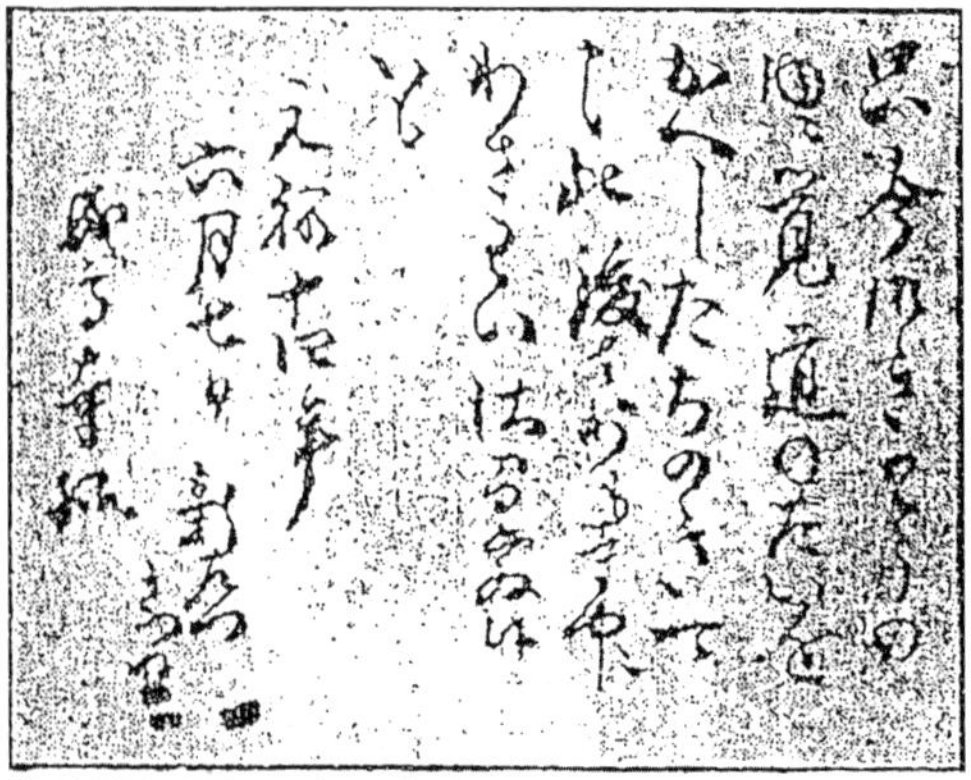

『都新聞』明治44（1911）年4月28日

この狸は犬に見破られ食い殺されたということである。狸の書の話はほかにもいろいろと伝えられている。

【『都新聞』明治四四（一九一一）年四月二八日】

第九十四話 蛇の祟り

へびのたたり

北豊島郡王子町の荒物商熊谷春吉の一家五人が去る三月中、兇賊のために殺害されて以来、同家には誰一人住む人がいなかった。そこへ八月一一日に同人の弟の田村仙吉が、出水による崖崩れによって家が押し潰されたため、妻アキとともに引っ越してきた。ところがそれ以来、アキは毎夜悪夢に襲われるため住むに耐えず、このほど取り壊すこととなった。

『二六新報』
明治43（1910）年10月11日

ところで、春吉は三一年前に裏庭を広げる際に裏手の庚申堂脇のサイカチの木を切ったところその洞から五匹の蛇が現れた。女房が止めるのも聞かず春吉は蛇の頭をことごとく鉈で切り落とし、傍らの石神井川に流してしまった。そのときの鉈は爾来物置に投げ込んであったが、一家が惨殺されたのはこの鉈ということで、近隣では蛇の祟りだという評判がしきりに囁かれているという。

蛇の祟りに関する奇談は多いが、野で草刈中に子どもに危害を加えようとした蛇を追い払ったところ、その夜から蛇が来たと大声を出して神経がおかしくなってしまったという豊多摩郡杉森村での怪事も新聞で報道されている。

【『二六新報』明治四三（一九一〇）年一〇月一一日・
『東京朝日新聞』明治三四（一九〇一）年一一月一五日】

『東京朝日新聞』
明治34（1901）年11月15日

第九十五話 娼妓と狐《しょうぎときつね》

『二六新報』明治34（1901）年5月4日

明治三四（一九〇一）年五月二日の朝、洲崎弁天町の花岡楼古川ミエ方で妓夫《ぎゆう》が表の大戸を開けると同時に、どこからか舞い込んできた一匹の野狐が、真一文字に店へ駆け上がり、板の間に馴れ馴れしく座っている。

家内は上を下への大騒ぎとなり、「撲り殺せ」と言う者もいたが、「ナニ、狐は稲荷様のお使いだ。朝から稲荷様のご入来とは縁起のよいことだ」と、この野狐を大花籠に入れて飼っておくことにした。

すると今の今まで部屋にいた娼妓松治がどこへともなく姿を消して行方知れずになり、八方手を尽くしたが見当たらない。仕方ないので深川署に逃亡の届けを出した。

「松治は信田の森の狐ではないか」「本当は人間でなくて狐がしばし人間に化けていたのだ」などとの噂が立ち、近隣ではたちまち評判となって語られているという。

【『二六新報』明治三四（一九〇一）年五月四日】

第九十六話 空き地の幽霊《あきちのゆうれい》

芝区白金三光町の空き地に夜な夜な赤子を抱いた女の幽霊が現れるとの評判が立ち、涼みがてらの野次馬が毎夜潮のように押し寄せた。騒ぎの空き地は明治四三（一九一〇）年二月まで四戸建の長屋があったが、改築するということで居住者は立ち退き、目下は多少雑草が生い茂っている。

六月一八日の夜、付近の子供たちが同番地の古物商小松原芳蔵方の軒下に置いてある牛乳の空き瓶を盗みに行ったところ、葉柳の下に赤子を抱いた女の幽霊を見たと騒ぎ出したのが始めである。この長屋にかつて住んでいた巡査杉山千蔵の妻タカが、妊娠したまま病死したことがあったが、その亡霊が恨みを残して出たものだなどといわれている。

【『二六新報』明治四三（一九一〇）年六月二四日】

『二六新報』明治43（1910）年6月24日

第九十七話 猫の祟《ねこのたたり》り

荒物商の中村要輔は血気盛んな男だった。四、五年前に東京府南多摩郡浅川村の酒屋に奉公していたおり、どこからか迷って来た虎斑《とらふ》の大猫を二、三人の者が捕らえて要輔に見せた。要輔はその場で大猫を酒樽に投げ入れ、「この盗っと猫、ここへ迷って来たのが百年目、要輔さまがなぶり殺しにしてやるから覚悟しろ」と言うやいなや鋭い錐でブスリと刺した。血を流して苦しむ猫に、「貴様が盗みを働いたから罰が当たったのだ。四の五の言わずに要輔さまの手にかかってくたばれ」と再び刺すと猫は凄いうめき声をあげて恨めしげに要輔を睨み死んでいった。

　これ以来、要輔は殺した猫の死骸がありありと目の前に見えるようになり、ある日、芝居で有馬の猫を見、また妻が借りてきた『怪猫伝』を読んでからというもの、障子に映る影を見ても「猫が、猫が」と口走るようになった。

　妻を見て「この黒猫め」と叫んで包丁を握って切りかかり、重傷を負わせた。物音に何事かとやって来た妻の妹にも斬りつけて指三本を切り落とし、その悲鳴を聞いた実兄の吉五郎らによってなんとか取り押さえられた。親戚が付き添って小石川の病院に入院させたという。

【『神戸新聞』明治三四（一九〇一）年一一月一八日】

『神戸新聞』明治34（1901）年11月18日

第九十八話 怪魚《かいぎょ》

明治九（一八七六）年五月一二日に武州羽根田村の漁師村石米次郎が同地の沖において奇妙な魚を釣り上げた。その大きさは曲尺《かねじゃく》一尺くらいで、虎猫が力んだような顔つきをしており、角のようなものが目の上と鼻の脇にそれぞれ二本ずつ生えている。両眼は丸く、背中の鱗は蟇《ひきがえる》に似ており、尾は鶏のようである。腹は薄黒く樺色がかり、鰭を広げて泳ぐという。

【『仮名読新聞』明治九（一八七六）年五月一七日】

『仮名読新聞』
明治9（1876）年
5月17日

第九十九話 浅草の見世物《あさくさのみせもの》

明治一四（一八八一）年に某海軍将校がセイロン島に寄港した折、巨額の金を投じてミイラを入手し持ち帰った。内外の学者に見せたところ、人間の変化か猩々類の奇体なのか明らかにならなかったものの、とにかく非常に珍しいものなので明治三四年五月二三日より、浅草にある見世物場の珍世界で縦覧することになっている。

また、明治三七年六月上旬に伊豆下田の海岸で奇魚が捕まった。全身真っ黒で灰色の刺があり、脳天より一本の旗竿のような枝が生じ、さらに二本の角となっている。一尺四寸ほどの大きさで、オコゼの一種のようだが見たこともない。これも浅草の珍世界に出品されている。

【『二六新報』明治三四（一九〇一）年五月二二日・『新愛知』明治三七（一九〇四）年六月二一日】

『二六新報』明治34（1901）年5月22日
ミイラの見世物。

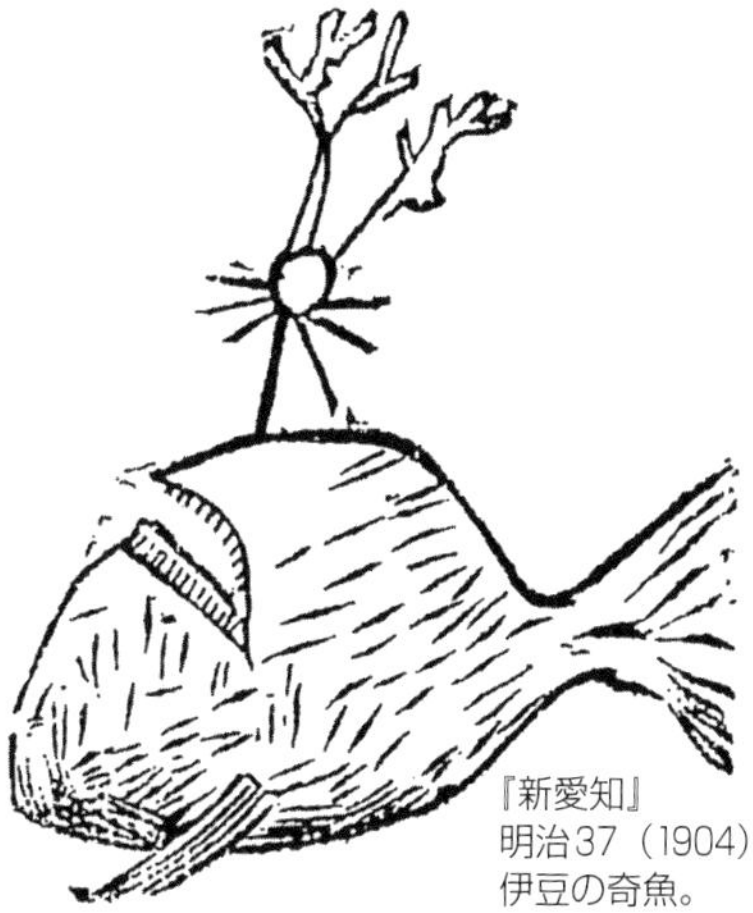

『新愛知』
明治37（1904）年6月21日
伊豆の奇魚。

第百話 変な生きもの《へんないきもの》

神田区三咲町の羽食留吉が明治四三（一九一〇）年五月一八日に、浅草本願寺付近で捕えたヤモリは長さ五寸ほどで、胴体が一つで頭が二つあり、試みに机の上に出すと両方勝手の方向に行こうとしてバタバタするが、少しも進むことができない。生殖器は一つである。

【『二六新報』明治四三（一九一〇）年五月二〇日】

『二六新報』明治43（1910）年5月20日

◉**著者略歴**

湯本豪一（ゆもと・こういち）

一九五〇年生まれ。湯本豪一記念日本妖怪博物館（三次もののけミュージアム）名誉館長。著書に『日本幻獣図説』『ＹＯＫＡＩ　妖怪』『かわいい妖怪画』『帝都妖怪新聞』『百鬼夜行絵巻』『妖怪百物語絵巻』などがある。

本書は、小社より二〇〇七年七月に刊行された『図説　江戸東京怪異百物語』を、改題の上、新装したものです。

所蔵先の記されていないものは、湯本豪一記念日本妖怪博物館（三次もののけミュージアム）蔵

ふくろうの本

図説　怪異百物語　江戸東京篇

二〇二四年　七　月二〇日初版印刷
二〇二四年　七　月三〇日初版発行

著者……………………湯本豪一
本文レイアウト…………ブレスデザイン　吉田了介
装幀・デザイン…………松田行正＋杉本聖士（マツダオフィス）
発行者…………………小野寺優
発行……………………株式会社河出書房新社
〒一六二-八五四四
東京都新宿区東五軒町二-一三
電話　〇三-三四〇四-一二〇一（営業）
〇三-三四〇四-八六一一（編集）
https://www.kawade.co.jp/
印刷……………………大日本印刷株式会社
製本……………………加藤製本株式会社

Printed in Japan
ISBN978-4-309-76336-1